Anonymous

Zweites Lesebuch für den ersten Sprach-, Schreib- und Leseunterricht in katholischen Elementarschulen der Vereinigten Staaten Nordamerikas

Anonymous

Zweites Lesebuch für den ersten Sprach-, Schreib- und Leseunterricht in katholischen Elementarschulen der Vereinigten Staaten Nordamerikas

ISBN/EAN: 9783743683334

Hergestellt in Europa, USA, Kanada, Australien, Japan

Cover: Foto ©Thomas Meinert / pixelio.de

Weitere Bücher finden Sie auf **www.hansebooks.com**

Zweites Lesebuch

für den ersten

Sprach-, Schreib- und Leseunterricht

in

katholischen Elementarschulen

der

Vereinigten Staaten Nordamerikas.

Erste amerikanische Ausgabe.

Mit Approbation des hochw. Erzbischofs von St. Louis.

St. Louis, Mo.
Druck und Verlag von F. Saler's Buchhandlung.
1870.

1. Mit Gott fang' an, mit Gott hör' auf!

Was dein Aug' nur sieht, mein Kind, das ist von Gott. Gott macht, daß die Sonne so hell und warm scheint, und daß der Mond des Nachts so schön glänzt. Es ist kein Stern, dem nicht er das Licht gibt. Gott macht die Luft so schön blau. Er macht Feld und Wald so schön grün. Berg und Thal sind von Gott. Er deckt den Berg mit Busch und Wald. Er macht, daß der Bach so frisch und klar durch das Thal rinnt. Gott macht den Tag und die Nacht. Die ganze Welt, so groß und weit und schön sie ist, ist Gottes Werk.

Gott der Herr, der dir dein Auge schuf, sieht auch Alles. Er, der dir dein Ohr gab, hört auch Alles. Was du nur thust, das sieht Gott. Was du nur redest, das hört Gott. Es ist kein Ort, an dem dich Gott nicht sieht und hört. Er weiß sogar, was du denkst. Gott weiß Alles. Er sieht dir in das Herz, wie du den Fisch im klaren Bache siehst. Gott sieht bei Nacht so gut, wie bei Tage.

Kind, Gott kann schaffen, was er will. Er ist der Herr der Welt. Er spricht nur, und es ist da. Die Sonne geht auf, weil er es will. Der Mond schwebt frei in der Luft, weil er ihn hält. Der Wind weht nur, wenn er ihn wehen heißt. Gott ruft den Blitz, und der Blitz sagt: Hier bin ich. Gott spricht nur ein Wort, und der Blitz schlägt ein. Gott spricht, und das Eis schmilzt, Felder und Bäume blühen, Korn und Obst reifen. Gott winkt, und das Laub wird gelb und fällt ab; der Bach wird zu Eis, und Schnee deckt das Land. Gott macht, daß der Mensch lebt. Sobald Gott will, sinkt der Mensch ins Grab. Ein Hauch von Gott, und die ganze Welt ist nicht mehr.

Mein Kind, Gott ist sehr gut und hat dich lieb. Alles, was er schuf, das schuf er dir zu lieb. Er gibt dir Brot und Milch, Haus und Kleid. Auch den Schlaf, der dir so wohl thut, schickt er dir. Gott sorgt für dich, er gibt dir, was du brauchst. Gott ist ganz gut. In ihm ist nichts Böses. Gott liebt und thut nur, was recht ist. Gott haßt die Sünde und alles Böse. Drum sei auch du nicht böse. Sei fromm und thu nur, was recht und gut ist.

O Gott, wie gut bist du, wie schön ist deine Welt!
Hilf, daß ich dir zu lieb auch thu', was dir, o Herr, gefällt.

2.

Der Halm ist hohl.	Die Halme sind hohl.
Der Blitz zuckt.	Die Blitze zucken.
Das Boot ist ein Schiff.	Die Boote sind Schiffe.

Der Aal, der Arm, das Beet, das Beil, das Brod, der Dieb, das Ding, der Eid, der Freund, der Fisch, der Gurt, das Haar, der Hirsch, das Jahr, der Keil, das Kinn, der Krebs, der Knecht, der Laut, das Loos, das Meer, der Mond, das Netz, der Preis, das Paar, der Punkt, der Quirl, das Reh, das Salz, der Schacht, der Schweif, der Sieg, der Sinn, der Staar, der Steg, der Stein, das Stück, der Stern, der Stift, der Strauß, der Tag, der Teich, das Tau, der Vers, der Weg, das Werk, der Wind, das Zeug. (Der Aal, die Aale.)

Fünf Brode. Zwei Fische. Sieben Sterne. Der Mensch hat zwei Arme. Der Vogel hat zwei Beine. Eine Woche hat sieben Tage. Fünf Stücke sind ein Wurf. Das Wort Knecht hat fünf Laute. Zwei Schuhe sind ein Paar. Die Hunde jagen die Rehe. Die Knechte füttern die Pferde. Die Beile haben keine langen Stiele. Bei Tag sieht man keine Sterne. In dem Meere sind viele Fische. Die Schafe tragen Wolle. Die Hunde sind kluge Thiere. Pfade sind schmale Wege.

3. Der Mond.

Auch für die Nacht schuf der liebe Gott ein Licht; das ist der Mond. Geht der Tag zu Ende, so steigt er auf und bringt sein Licht und macht uns hell. Still und sanft blickt er auf uns nieder. Er ist so lieb, wie ein guter Freund. Doch bei uns bleibt er nicht immer. Oft schleicht er fort, als wär' er gar nicht mehr da. Auch reist er fort, über Land und Meer, weit, weit von hier und macht die Nacht dort hell. Lange bleibt er nicht aus; bald kommt er wieder. Er ist so gern hier, wie dort. Bald sehen wir den Mond ganz, bald halb, bald nur ein kleines Stück von ihm. Er hat auch viele Kinder; dies sind die lieben Sterne. Die glänzen so schön am Himmel, wie helle Lichter. Sie stehen mit dem Monde auf und gehen auch mit ihm schlafen. Sie reisen mit ihm um die ganze Welt. Und fragst du mich nun, wo kommen doch der Mond und die Sterne her? dann sag ich dir: Es schuf ihn und sie, wie mich und dich, Gott der Herr.

Der Sonn' und Mond, mich selbst und Alles hat gemacht,
Der heißet Gott der Herr, und groß ist seine Macht.

Lied. Guter Mond, du gehst so stille, durch die Abendwolken hin; deines Schöpfers weiser Wille hieß auf jene Bahn dich ziehn. Leuchte freundlich jedem Müden in das stille Kämmerlein! Und dein Schimmer gieße Frieden in's bedrängte Herz hinein! — Guter Mond, du wandelst leise an dem blauen Himmelszelt, wo dich Gott zu seinem Preise hat als Leuchte hingestellt. Blicke treulich zu uns nieder durch die Nacht auf's Erdenrund! Als ein treuer Menschenhüter thust du Gottes Liebe kund. — Guter Mond, so sanft und milde glänzest du im Sternenmeer, wallest in dem Lichtgefilde hehr und feierlich einher. Menschentröster, Gottesbote, der auf Friedenswolken thront! Zu dem schönsten Morgenrothe führst du uns, o guter Mond.

4.

Der Thurm ist hoch.   Die Thürme sind hoch.
Der Wolf raubt.   Die Wölfe rauben.
Die Nuß ist eine Frucht.   Die Nüsse sind Früchte.

Der Ast, der Arzt, die Art, der Bach, der Bart, der Brand, der Damm, der Dunst, der Fall, die Faust, der Frosch, der Fuß, die Frucht, die Gruft, der Gang, der Hahn, die Haut, der Hut, der Kopf, der Knopf, der Klotz, der Kropf, die Luft, die Maus, die Magd, die Macht, die Nuß, der Pfahl, der Paß, der Rock, der Schalk, der Schall, der Schaft, der Saal, der Stab, der Stock, der Strauß, der Trog, der Traum, der Vogt, der Wall, die Wand, der Zaum. (Der Ast, die Aeste.)

5. Die Welt.

Was auf der Welt ist, nützt. Die Kuh gibt Milch; der Ochs zieht am Joch; das Feld trägt Korn; aus dem Korn macht man Mehl, das Mehl gibt Brot; aus der Milch macht man Butter und Käs; das Brot, die Milch und die Butter nähren die Menschen. Das Salz würzt die Speisen, daß sie wohl schmecken. Der Hut und der Rock schützen vor Nässe und Kälte. Das Feuer, die Luft, das Wasser, kurz, was auf der Welt ist, nützt. So nütz auch du, mein Kind, und denk: Ein Kind nützt schon, wenn es nur recht folgt, recht fromm und gut ist, brav lernt und oft an Gott denkt.

6.

Das Kind ist jung.   Die Kinder sind jung.
Der Geist denkt.   Die Geister denken.
Das Rind ist ein Thier.   Die Rinder sind Thiere.

Bild, Brett, Ei, Feld, Geld, Glied, Kleid Lied, Leib, Licht, Nest, Reis, Schild, Schwert, Weib. (Das Bild, die Bilder; ein Bild, Bilder.)

Die Kinder singen Lieder. Krieger tragen Schwerter. In den Kirchen sind Bilder. Auch die Fische legen Eier. Dünste steigen in die Höhe. Viele Nester sind schön. Die Schilder hängt man aus. Der Mensch hat viele Glieder. Die Leiber werden zu Staub. Geister sterben nicht. Die Felder werden im Herbste kahl und im Winter weiß. Die Rinder treibt man auf die Weide. Kinder haltet die Kleider rein! (Das Kind singt ein Lied.)

7.

Das Gras ist grün.   Die Gräser sind grün.
Das Kalb springt.   Die Kälber springen.
Das Grab ist eine Gruft.   Die Gräber sind Grüfte.

Amt, Bad, Blatt, Buch, Dach, Dorf, Fach, Faß, Grab, Glas, Haus, Haupt, Holz, Huhn, Kraut, Land, Maul, Mann, Ort, Rand, Schloß, Tuch, Thal, Wort, Wald, Wurm.

Hefte und Bücher haben Blätter. Der Wagen hat vier Räder. In diesem Satze stehen sechs Wörter. Die Kühe haben krumme Hörner. Die Fässer haben mehre Reife. Die Wälder sind dicht. Die Hühner legen Eier. Die Würmer leben in und auf der Erde. Die Thäler liegen zwischen Bergen. Kinder, schonet die Bücher! (Das Amt, die Aemter; ein Amt, Aemter.)

8. Der Wald.

Warst du schon im Lenze oder Sommer in einem Walde? — Nicht wahr, wie ist es da so schön und kühl, so traut und still? Die Bäume alle stehen in einem neuen Kleide, die starke Eiche und die glatte Buche, die schlanke Tanne, wie die zarte Weide. Ihr Laub ist so grün und frisch, und sanft rauscht und säuselt es durch die Blätter und Zweige. Bunte Käfer schwirren um die Bäume, wiegen sich auf ihrem frischen Laube und saugen süßen Saft. Muntre Vögel sitzen auf den Zweigen und singen ihre frohen Lieder. In Büschen und auf Aesten der Bäume stehen ihre kleinen Nester. Eier oder Junge sind darin. Böse Buben nehmen diese oft. Ach! den Alten thut dies leid gar sehr. Auch der liebe Gott hat es nicht gern, er wird einst solche Kinder strafen. Blumen vieler Art gibt es auch im Walde und noch manches gute Kraut. Diese machen ihn noch schöner.

Siehe, da ist auch ein Quell! Der rinnet so hell und klar, so rein und kühl. Dort trinkt die sanfte Taube und der kluge Staar, der scheue Hase und das flinke Reh. Selbst der schlaue Fuchs und der dumme Dachs kommen an den stillen Quell und löschen ihren Durst, und ruhen aus im kühlen Schatten auf dem weichen Moos. Noch viele and're Thiere kommen an den Quell, ihren Durst zu löschen. Gott gibt einem jeden Thiere Speis und Trank.

Kommt der Herbst, so sieht der Wald ganz anders aus. Die Blätter der Bäume werden gelb und fallen ab. Stark bläst der Wind durch die Aeste und jagt das Laub nach allen Seiten hin. Das Lied der Vögel höret auf, es zogen fort die lieben Sänger des Hains. Nur heiser schreiet noch der Rabe von den kahlen Aesten. Fuchs und Hase, Hirsch und Reh zogen schon ein dicht'res Kleid an, daß ihnen nicht so friere in dem harten Winter.

Denn dieser ist ein gar rauher Mann. Mit argem Sturm rückt er von Norden her, und bringt uns Frost und Schnee. Alle Bäume des Waldes schüttet er voll davon und Busch und Strauch. Dann ist der Wald aber wieder schön in diesem weißen Kleide. Scheint die Sonne auf ihn hin, so glitzert er wie ein Palast von Glas. Oft brechen die Aeste von dem harten Frost und dem schweren Schnee und es knarrt und kracht dann heftig in dem Walde. Arme Menschen kommen trotz Frost und Wind und sammeln diese Aeste auf.

Puff! da fällt ein Schuß. Weit schallt er hin durch den Wald. Wau, wau! da bellt auch ein Hund. Nun wird nicht ferne mehr der Jäger sein. Jetzt ist Alles anders. Die Vögel flattern scheu von Baum zu Baum, von Ast zu Ast; der Hase eilt, wie der Wind so schnell, ihm ist gar angst und bang vor Jäger und Hund; das schlanke Reh setzt über Hecken und Büsche weg; der Rabe schwingt sich auf der Bäume Gipfel. Alles fürchtet, Alles flieht. O weh! dort hinkt ein armer Hirsch; ihn traf der Schuß. Das arme Thier! Jetzt legt er sich unter einen Baum, er kann nicht mehr weiter. Unter dem Baume wälzt er sich hin und her und schreit ganz laut. Sein Blut rinnet sehr stark und färbet Gras und Moos. Nun schweigt er. Ach, jetzt ist er todt!

Waldlied. Im Walde möcht' ich leben zur heißen Sommerzeit! Der Wald, der kann uns geben viel Lust und Fröhlichkeit. — In seine kühlen Schatten winkt jeder Zweig und Ast; das Blümchen auf den Matten nickt mir: „Komm, lieber Gast!" — Wie sich die Vögel schwingen im hellen Morgenglanz! Und Hirsch und Rehe springen so lustig, wie zum Tanz! — Von jedem Zweig' und Reise, hör' nur, wie's lieblich schallt! Sie singen laut und leise: „Kommt, kommt in grünen Wald!"

9.

Der Fels ist kahl.	Die Felsen sind kahl.
Der Ochs stößt.	Die Ochsen stoßen.
Das Ohr ist ein Glied.	Die Ohren sind Glieder.

Ein Bär, ein Bett, eine Frau, Form, Fahrt, Graf, Herr,

Held, Hemd, Herz, Hirt, Leid, Last, Mark, Narr, Ohr, Prinz, Saat, Schaar, Schmerz, Schuld, Schlacht, Spur, Staat, That, Thor, Uhr, Welt, Wahl, Zeit. (Der Bär, die Bären; ein Bär, Bären.)

Die Lerche ist munter.	Die Lerchen sind munter.
Die Blume duftet.	Die Blumen duften.
Die Dogge ist ein Hund.	Die Doggen sind Hunde.

Affe, Bote, Erbe, Falke, Gatte, Hase, Knabe, Löwe, Name, Neffe, Pathe, Riese, Auge, Ahle, Biene, Eiche, Fichte, Glocke, Hose, Lippe, Mücke, Nelke, Quelle, Rinne, Schule, Tanne, Welle, Zunge; Amsel, Bibel, Cimbel, Dattel, Distel, Fibel, Gabel, Hummel, Insel, Kanzel, Kurbel, Muskel, Nadel, Orgel, Pappel, Raspel, Schachtel, Schindel, Tafel, Wachtel, Zwiebel; Ader, Aster, Bauer, Blatter, Ceder, Fiber, Feder, Klammer, Klapper, Leier, Leiter, Marter, Natter, Schulter, Schwester, Zither. (Der Affe, die Affen; ein Affe, Affen.)

Die Affen haben vier Hände. Die Falken haben scharfe Augen. Die Gabeln haben zwei, drei, oder vier Zinken. Die Disteln haben scharfe Spitzen. Die Bienen haben Stacheln. Die Tannen, Lerchen und Fichten haben Nadeln. Die Nelken sind schöne Blumen. Die Schachteln haben zwei Theile. Die Orgeln haben viele Pfeifen. Die Zwiebeln schmecken scharf. Mit Schindeln deckt man Häuser. Die Finken fressen Samen. Die Fürsten ehren ihre Helden. Die Hirten hüten ihre Heerden. Die Glocken rufen zur Kirche. Die Schwalben fangen viele Mücken. Die Raben haben schwarze Federn. Die Thüren gehen in Angeln. Die Kinder schreiben auf die Tafeln. Die Katzen und die Eulen sehen auch in der Nacht. (Der Affe hat vier Hände.)

10. Die Uhr.

Tick, tack, tick, tack macht die Uhr an der Wand; pick, pick, pick, pick schlägt die Uhr in der Tasche. Die Uhr ist ein gutes Ding. Nach ihr macht man gar viel. Nach ihr geht man am Abend zu Bett, nach ihr steht man am Morgen auf. Sie zeigt die Zeit an, wann die Leute zur Kirche gehen. Nach dem Schlage der Uhr fängt auch unsere Schule an und endet auch nach ihm. Dem Kranken sagt sie, wann er Arznei zu nehmen hat. Selbst die Magd geht in die Küche und der Knecht zum

Stalle nach dem Schlag der Uhr. Und wenn es Mittags elf oder zwölf schlägt, dann geht es zu Tische. Rasch eilt Jeder herbei, denn Keiner will zu spät kommen. Nachts noch, wenn Alles schnarcht und schläft, wenn Mensch und Thier ruht, dann ruft und pfeift und bläst der Wächter noch nach der Uhr. Ohne Uhr wäre man sehr oft schlecht daran.

Wer früh lernt sich streng an die Uhr halten, d. h. Alles zur rechten Zeit zu thun, der kommt in der Welt gut durch, und es geht ihm wohl. Dem Faulen geht die Uhr immer zu steif, dem Fleiß'gen aber stets zu schnell. Man hat Haus=, Taschen= und Kirchen-Uhren, Sonnen= und Sand=Uhren. Manche sind von Gold und kosten sehr viel Geld, 50, 100 und noch mehr Thaler. And're sind von Silber, Tomback, Eisen oder Holz.

Eine Uhr hat sehr viele Theile. Außen ist das Blatt mit den Ziffern und den Zeigern, innen sind die Räder. Viele Uhren schlagen nur die ganzen Stunden, and're auch die halben und die Viertel. Manche Uhren schlagen auf kleine Glocken, and're auf Federn von Metall, und wieder and're gar nicht. Welche? — An einer Uhr ist viele Kunst. Manche spielen uns gar Tänze, Märsche und Lieder vor. Ein deutscher Mönch machte die erste Taschen=Uhr. In der Schweiz macht man sehr viele Uhren. — Wie die Uhr, so schlägt auch dein Puls. Geht er mit jener an der Wand, dann ist dir wohl und du bist gesund. Doch schlägt er so schnell, wie die in der Tasche, dann bist du krank.

11.

Der Pudel ist treu.   Die Pudel sind treu.
Der Schüler lernt.   Die Schüler lernen.
Der Thaler ist eine Münze.   Die Thaler sind Münzen.

Deckel, Egel, Flügel, Giebel, Hebel, Igel, Kegel, Löffel, Mündel, Nebel, Riegel, Siegel, Sessel, Wiesel, Zobel, Anger.

Lehrer, Schüler, Bäcker, Diener, Einer, Fenster, Gitter, Heller, Opfer, Pfeiler, Quader, Richter, Keller, Leuchter, Müller, Neger, Schwengel, Tiger, Ufer, Vetter, Widder, Zwinger, Balken, Degen, Haken, Groschen, Kragen, Lappen, Wagen, Zeichen, Käse. (Der Deckel, die Deckel; ein Deckel, Deckel.)

Apfel, Bruder, Faden, Graben, Garten, Mantel, Nagel, Sattel, Vogel, Acker, Boden, Hafen, Kloster, Laden, Mutter, Tochter, Handel, Vater, Bogen, Ofen, Mangel. (Der Apfel, die Aepfel.)

Jeder Fluß hat zwei Ufer. Große Kreise haben große Bögen. Die Alten schossen mit Bogen. Die Vögel haben zwei Füße und zwei Flügel. Drei oder neun Kegel sind ein Spiel. An einer Hand sind fünf Finger. Wie viel Scheiben hat ein Fenster? Wie viel Scheiben haben zwei Fenster? Wie viel Kinder sind in der Klasse? Ein Wagen hat vier Räder. Wie viel Räder haben drei Wagen? Die Mütter lehren ihre Töchter nähen, stricken, kochen und waschen. Die Hämmel werden leicht fett. Mäntel trägt man, wenn es kalt ist. Brüder und Schwestern sollen nicht zanken.

12.

Der Sand, das Laub, der Staub, das Vieh, der Weizen, die Gerste, der Hafer, das Mark, das Fett, der Kalk, der Reis, der Kaffe, das Fleisch, die Butter, die Kreide, der Flachs, der Hanf, der Kohl, das Gold, das Zinn, der Mund, der Rahm, der Regen, der Schnee, das Heu, das Stroh, das Hirn, der Rauch, die Milch; Preußen, Sachsen; Köln, Paris, Rom; der Rhein, die Mosel; Tabor, Sinai, Aetna; Lob, Ehre, Fleiß.

Die Leute, die Eltern, die Geschwister, die Truppen, die Poren, die Ferien, die Fasten, Ostern, Pfingsten.

13. Der Baum.

Von den Bäumen er=halten wir Früchte zur Speise und Holz zum Bauen und Brennen. Der Baum hat Wurzeln, einen Stamm und eine Krone. Die Wurzeln sind unten und stecken in der Erde. Ich kann sie daher nicht sehen. Sie ver=breiten sich in der Erde um=her und saugen Saft ein. Dieser Saft ist die Speise des Baumes. Er kommt aus den Wurzeln in den Stamm, in die Aeste und Zweige. Die Wurzeln stecken tief und feſt in der Erde und halten den Baum, damit er auch feſt ſtehe. Der Wind wehet und be=wegt den Baum hin und her, aber er wirft ihn nicht um. Oft wehet der Wind aber ſtark und heißt dann Sturm. Der Sturm hat eine große Kraft und bricht oft Bäume ab, oder reißt ſie aus und wirft ſie um.

Der Stamm des Baumes iſt dick und rund, und meiſt g'rade und hoch. An ihm ſehe ich außen die Rinde. Die Rinde iſt rauh und glatt, ſie iſt grün, braun, grau oder weiß. Oft wächſt Moos an den Bäumen, und zwar mehr auf der Seite gegen Norden. Die Rinde um=gibt den Stamm und ſchützt ihn vor Kälte und Näſſe. Wenn die Rinde ver=letzt wird, ſo fließt der Saft aus dem Baume und der Baum wird krank. Der Saft treibt durch den Baum, wie das Blut im Körper des Menſchen und der Thiere. Unter der Rinde iſt der Splint, dann folgt das Holz und mitten im Holze iſt das Mark.

Die Krone iſt oben, ſie iſt der obere Theil des Baumes. Sie beſteht aus den Aeſten und ihren Zweigen. Die Aeſte ſind an dem Stamme und die Zweige ſind an den Aeſten. Die Zweige ſind dünner als die Aeſte. An den Zweigen ſind Knospen. Aus den Knospen werden Blätter und Blüthen. Aus den Blüthen kommen die Früchte. Die Früchte dienen den Menſchen und Thieren zur Speiſe. Aber nicht alle Bäume tragen Früchte, und nicht alle Früchte kann der Menſch eſſen.

Lied. Es kamen grüne Vögelein geflogen her vom Himmel, und ſetzten ſich im Sonnenſchein in fröhlichem Gewimmel all' an des Baumes Aeſte, und ſaßen da ſo feſte, als ob ſie angewachſen ſei'n. — Sie ſchaukelten in Lüften lau auf ihren ſchlanken Zweigen, ſie aßen Licht und tranken Thau, und wollten auch nicht ſchweigen, ſie ſangen leiſe, leiſe auf ihre ſtille Weiſe von Sonnenſchein und Himmelblau. — Wenn Mitternacht auf Wolken ſaß, ſo ſchwirrten ſie erſchrocken, ſie wurden von dem Regen naß, ſie wurden wieder trocken; die Tropfen rannen nieder vom grünenden Gefieder, und deſto grüner wurde das. — Da kam am Tag der ſcharfe Strahl, ihr grünes Kleid zu ſengen, und nächtlich kam der Froſt einmal, mit Reif es zu be=ſprengen. Die armen Vöglein froren, ihr Frohſinn war verloren, ihr grünes Kleid war bunt und fahl. — Da trat ein ſtarker Mann zum Baum, hub an ihn fest zu schütteln, vom obern bis zum untern Raum mit Schauer zu durchrütteln; die bunten Vöglein girrten, bald ihrem Baum entschwirrten;—wohin sie kamen, weiß man kaum.

14. Güte Gottes.

Alles, was ich bin und habe, kommt, o lieber Gott, von dir! Du gibst jede gute Gabe, jede Freude schenkst du mir. Du, mein Gott, hast mir mein Leben, hast die Eltern mir ge=geben, gibst durch sie mir Trank und Speise, thust mir wohl auf jede Weise. .Du, der so viel Gutes thut, o, wie bist du doch so gut!

15.

ig; Saft — saftig, Salz — salzig, sandig, blutig, muthig, fleißig, mächtig, heilig, kräftig, prächtig, thätig, gierig, geistig, artig, ruhig, lästig, nöthig, häufig, fettig, würdig, wollig, schlammig, sumpfig, gnädig, grimmig, schwefelig, hungerig, schwindelig. (Die Gurke ist saftig.)

lich; rein — reinlich, blau — bläulich, fröhlich, rechtlich, süßlich, gelblich, ärmlich, zärtlich, fälschlich, kürzlich, kränklich, länglich, schwärzlich; lieben — lieblich, glaublich, dienlich, rühmlich, schädlich, nutzlich, spärlich, zierlich, sterblich, förderlich, fürchterlich, feierlich; — Freund — freundlich, glücklich, herrlich, brüderlich, herbstlich, pünktlich, sinnlich, zeitlich, jährlich. (Die Taube ist reinlich.)

isch; Dieb — diebisch, Kind — kindisch, knechtisch, herrisch, launisch, neidisch, thierisch; — räuberisch, prahlerisch, tückisch, hämisch, spöttisch, zänkisch, mürrisch, linkisch. (Der Rabe ist diebisch.)

icht; Wolle — wollicht, haaricht, holzicht, erdicht, schwammicht, meblicht, steinicht, glasicht, markicht. (Frisches Brod ist schwammicht.

Wasser, welches Salz enthält, ist salzig. In der Birne ist Saft; sie ist saftig. An dem Fleische ist Blut; es ist blutig. Der Krieger hat Muth; er ist muthig. Der Knabe thut etwas; er ist thätig. Viele Hunde sind bissig. Hoch auf einem Baume oder auf einem Thurme wird es Manchem schwindelig. Gott ist gnädig, er theilt Gnaden aus. Kinder sind artig, wenn sie pünktlich und willig folgen, sich reinlich halten, freundlich sprechen und höflich grüßen. Manche Kirschen schmecken etwas sauer oder säuerlich.

Die Tinte ist schwarz, schwärzlich oder bläulich. Die Wunde ist schmerzlich. Das Lesen soll deutlich sein. Eine stürmische Nacht ist fürchterlich. Die Katze ist schlau und diebisch. Wer spöttisch und zänkisch sein will, der bleibe allein. Kinder sollen nicht kindisch, sondern kindlich sein. Handle nie thöricht! Zum Zank gehören immer zwei; schweigst du, so ist der Zank vorbei.

16. Der neidische Hund.

Ein Hund hatte sehr gut gespeist und war so satt, daß er sich kaum mehr regen konnte. Da ging er hin, um im Stalle auf dem Heu seinen Mittagsschlaf zu halten. Kaum lag er da, so schlich ganz ruhig ein hungriger Ochs herbei und wollte an dem Haufen Heu seinen Hunger stillen. Der Hund aber wurde neidisch, daß der Ochs von dem Heu auch einen Nutzen haben sollte und bellte den Armen grimmig an. Der Ochs fragte ganz artig: „Wozu brauchst du denn das Heu? Mir geschähe ein gar großer Gefallen, wenn du mir ein wenig ließest." Doch der Hund sprach zornig: „Das Heu geht dich Nichts an, und wenn ich es auch nicht brauche, so will ich es doch von solchen armen Schluckern, wie du einer bist, nicht fressen lassen. Marsch! geh' deiner Wege." Der arme Ochs wollte weiter gehen; aber der Herr des Heues hatte das Gespräch gehört und jagte den neidischen Hund herunter, indem er sprach: „Morgen sollst du dem Ochsen zusehen, wenn er frißt, und Nichts bekommen." Der Neid verzehrt seinen eignen Herrn.

17.

bar; brennen — brennbar, dankbar, fehlbar, haltbar, scheinbar, streitbar, tragbar, wandelbar, tropfbar, eßbar, ehrbar, fühlbar, greifbar, hörbar, sichtbar, kennbar, schiffbar, strafbar, furchtbar, nutzbar, schreckbar, trinkbar, kostbar. (Das Holz ist brennbar.)

sam; biegen — biegsam, heilsam, grausam, bildsam, arbeitsam, sparsam, wachsam, achtsam, furchtsam, duldsam, langsam, seltsam, sittsam, friedsam. (Die Weide ist biegsam.)

haft; nähren — nahrhaft, fehlerhaft, mangelhaft, fieberhaft, tugendhaft, schauderhaft, schmerzhaft, plauderhaft, ernsthaft, schabhaft, schamhaft, sündhaft, spaßhaft, staubhaft. (Das Brod ist nahrhaft.)

en, n, ern; Seide — seiden, tuchen, golden, wollen, ledern, kupfern, silbern; Blei — bleiern, hölzern, gläsern, steinern, zinnern, stählern. (Die Flasche ist gläsern.)

Welche Dinge sind tropfbar? welche brennbar? welche eßbar? Der Schall der Glocke ist auch in der Ferne hörbar. Wann sind Kinder strafbar? wann plauderhaft? wann furchtsam? Nenne furchtsame Thiere! Thiere, welche du fürchtest, sind dir furchtbar. Nenne fruchtbare Bäume!

Der Hund ist wachsam. Manche Schrift ist fehlerhaft. Tische und Stühle sind meistens hölzern? Was ist noch hölzern? Manche Töpfe sind eisern, andere sind thönern, noch andere sind irden. Das Geld ist kupfern, oder silbern, oder golden. Nenne lederne, gläserne, zinnerne Dinge!

Sei dankbar und genügsam,
Recht friedlich und recht fügsam.
Wie junge Bäumchen biegsam.

18. Das gute Kind.

Anna war ein artiges Kind, sie liebte ihre Eltern herzlich und war ihnen dankbar und gehorsam. Willig und freudig that sie Alles, was die gute Mutter ihr sagte. In der Schule war sie stets achtsam, fleißig und sittsam, und nahm täglich zu an Allem, was löblich und nützlich ist. Gegen andere Kinder war sie friedlich und duldsam; sie hielt sich aber gewöhnlich fern von solchen, die zänkisch und plauderhaft waren. Ihre Bücher, Hefte und Kleider hielt sie reinlich. Gegen jeden Menschen war sie höflich und freundlich, und gegen Arme war sie, wo sie es sein konnte, gütig und wohlthätig. Sparsam hob sie jeden Pfennig auf, um einem armen Kinde eine Freude machen zu können. Wollt ihr nicht auch der guten Anna ähnlich werden?

Lied. Aus dem Himmel ferne, wo die Englein sind, schaut doch Gott so gerne her auf jedes Kind. — Höret seine Bitte treu bei Tag und Nacht, nimmt's bei jedem Schritte väterlich in Acht. — Gibt mit Vaterhänden ihm sein täglich Brod, hilft an allen Enden ihm aus Angst und Noth. — Sagt's den Kindern allen, daß ein Vater ist, dem sie wohl gefallen, der sie nie vergißt.

19. Gott, der Herr.

Lied. Weißt du, wie viel Sterne stehen an dem blauen Himmels-Zelt? Weißt du, wie viel Wolken gehen, weithin über alle Welt? Gott, der Herr, hat sie gezählet, daß ihm auch nicht einer fehlet an der ganzen großen Zahl. — Weißt du, wie viel Mücken spielen in der hellen Sonnen-Gluth? Wie viel Fische auch sich kühlen in der klaren Wasser-Fluth? Gott, der Herr, rief sie mit Namen, daß sie all' ins Leben kamen, daß sie nun so fröhlich sind. — Weißt du, wie viel Kinder frühe steh'n aus ihren Betten auf? Daß sie ohne Sorg' und Mühe fröhlich sind im Lebenslauf! Gott im Himmel hat an allen seine Lust, sein Wohlgefallen, kennt auch dich und hat dich lieb.

20.

Klein, kleiner, am kleinsten; arm, ärmer, am ärmsten; hoch, höher, am höchsten; gut, besser, am besten.

Der Griffel ist lang; die Feder ist länger; das Lineal ist am längsten. Eisen ist hart; Stahl ist härter; Diamant ist am härtesten. Der Hahn ist schön; der Fasan ist schöner; der Pfau ist am schönsten. Das Haus ist hoch; die Kirche ist höher; der Thurm ist am höchsten. Die Tanne wird alt; die Buche wird älter; die Eiche wird am ältesten. Die Ziege ist nützlich; das Schaf ist nützlicher; die Kuh ist am nützlichsten. Der Weiher ist tief; der Brunnen ist tiefer; das Meer ist am tiefsten. Eisen ist schwer; Blei ist schwerer; Gold ist am schwersten. Die Meise ist kleiner als der Fink. Das Pferd ist munterer als der Esel. Der Fluß ist breiter als der Bach. Der Arm ist dicker als der Finger. Der Storch hat einen längeren Schnabel als die Gans. Der Schnee ist weißer als die Kreide. Der Dachs gräbt sich ein tieferes Loch in die Erde als der Hamster. Der Schwan hat weißere Federn als die Gans. Asien ist größer als Europa. Gott ist gütiger als alle Menschen.

Auf den höchsten Bergen liegt auch im Sommer Schnee. Der Hund ist das treueste Thier. Die Rose ist die schönste Blume. Die Biene ist das fleißigste Insekt. Auch der beste Mensch kann fehlen. Der Adler hat das schärfste Auge. London ist die größte Stadt in Europa. Die Gemse macht die kühnsten Sprünge. Glas ist der spröderste Körper. Der Fuchs ist eines der listigsten Thiere.

Dürres Holz brennt leicht; trockenes Stroh brennt leichter; gutes Pulver brennt am leichtesten. Das Pferd läuft schnell; der Hase läuft schneller; der Hirsch läuft am schnellsten. Viele Kirschen schmecken süß; der Zucker schmeckt süßer; der Honig schmeckt am süßesten. Der Sperber fliegt hoch; die Lerche fliegt höher; der Adler fliegt am höchsten. Die Nachtigall singt schöner als die

Lerche. Die Orgel klingt stärker als das Klavier. Ein Schiff trägt schwerer als ein Nachen. Der Baum wächst höher als der Strauch. Den größten Vergnügen ist der Ueberdruß am nächsten. (Was ist größer, als der Bach? Was ist schöner als die Tulpe? Was tönt lauter, als die Schelle.)

21. Holz und Steine.

Diese beiden Körper finden sich sehr häufig in und auf der Erde. Die Steine findet man häufiger als das Holz. Es gibt aber auch Länder, in welchen weniger Steine sind, als Holz. Holz und Steine sind den Menschen sehr nöthig, das Holz ist aber am nöthigsten. Ohne Steine kann man wohl das schönste Haus bauen, wenn man brauchbares Holz hat; aber ohne Holz bringt man nicht wohl das kleinste Haus zu Stande. In frühern Zeiten war an vielen Orten mehr Holz als jetzt. An manchen Orten, wo früher ganze Wälder der schönsten und größten wilden Bäume waren, ist jetzt kaum noch ein einziger. Dort sind jetzt die fruchtbarsten Felder und die schönsten Wiesen, oder es wird ein köstlicher Wein oder ein edles Obst dort gezogen. An andern Stellen, wo früher kahler Boden, dürre Haide oder wüste Sümpfe waren, oder wo nur wenige niedere Sträucher standen, sind jetzt die üppigsten Wälder, welche man aus Samen oder jüngern Stämmen zog. Die Steine kann man nicht pflanzen, sie liegen in oder auf der Erde.

Das Holz ist bald härter, bald weicher, so auch die Steine. Die Weide hat fast das weichste Holz; das trockene Holz der Eiche ist eines der härtesten. Jüngere Bäume haben weicheres Holz als ältere; aber das Holz der ältesten Bäume wird oft wieder weich und mürbe. Auch wachsen die Bäume nicht alle gleich hoch. Die Pappel wächst am höchsten; die Birke bleibt niederer als die Buche, und die Tanne wächst höher als die Buche, wenn sie an einer passenden Stelle steht. Es wird auch eine Sorte von Bäumen älter, als die andere. Bei uns wird die Eiche und die Linde am ältesten; die Tannen und Fichten sterben früher ab. Man findet auch sehr alte Birken und Buchen. An manchen Bäumen ist die Rinde rauh, an andern glatt. Die Rinde der alten Eichen und Birken ist die rauheste, die Rinde an jungen Weiden ist eine der glattesten. An einer kräftigen Buche wird die Rinde im höhern Alter oft immer glatter. Die Pappeln, Buchen, Tannen und Fichten wachsen gerader, als die Eichen, Birken und Erlen. Die wilden Bäume werden meistens höher, gerader und älter als die zahmen, welche Obst tragen.

Es gibt Holz, welches härter ist, als manche Steine; doch sind die meisten Steine härter als das Holz. Auch die einzelnen Arten Steine sind nicht gleich hart. Es gibt z. B. Schiefer, welcher viel weicher ist, als trockener Lehm, und es gibt auch Schiefer, welcher viel härter ist. Der härteste Körper ist der Diamant; er ist härter als Stahl und Eisen. Mit ihm schneidet man Glas mit leichterer Mühe, als man mit dem schärfsten Messer Leder schneiden kann. Es gibt Steine, welche durch den Regen, die Luft und die Sonne zu Staub werden. Andere Steine werden nur durch starkes Feuer mürbe, und fallen aus=einander, wie Asche; andere brennen selbst; noch andere bleiben im stärksten Feuer ganz und fest; und wieder andere lassen sich schmelzen und liefern die nützlichen Metalle. Oft sieht man Steine, so groß oder größer als Häuser; man nennt sie Felsen; und andere gibt es, welche so fein oder noch feiner als Pulver sind, diese nennt man Sand.

22.

Jung — alt, neu — alt, fleißig — faul, klug — dumm, arm — reich, gesund — krank, fröhlich — traurig, sanft — rauh, fein — grob, weise — thöricht, gut — bös, warm — kalt, hell — dunkel, klein — groß, glatt — rauh, eben — uneben, fest — locker, nah — fern, muthig — feige, spröde — zähe, schwer — leicht, hoch — niedrig, spitz — stumpf, schmal — breit, hart — weich, dick — dünn, eng — weit, süß — sauer, schnell — langsam. (Das Lamm ist jung; das Schaf ist alt.)

23.

Ge; der Balken, das Gebälk, das Hirn, das Gehirn, das Getränk, Gebüsch, Gesträuch, Gebirg, Gedärm, Gehölz; fühlen, das Gefühl, beißen, das Gebiß, Gewehr, Gepäck, Gebet, Gespräch, Gefäß, Gesicht, Geräusch, Geschöpf, der Gedanke, Geruch, Geschmack, Genuß, Gehilfe, die Gefahr, Gewalt, Geschichte, Geduld.

Un; Art — Unart, Unglaube, Unlust, Unmuth, Ungnade, Unzeit, Unsinn, Unschuld, Unehre, Unfriede, Unglück, Undank, Unkraut, Unfall, Unfug, Unrecht, Unbilde, Unwille, Unheil. (Die Art; die Unart.)

Ant; das Antlitz, die Antwort.

Ur; Urquell, Urkraft, Urheber, Urbild, Urenkel, Urtheil, Ursache, Urschrift, Urstoff, Urwelt, Urzeit, Urahn, Urkunde, Ursprung. (Welche dieser Wörter lassen sich in die Mehrzahl setzen?)

Gott gab uns zehn Gebote. Gott schuf alle Menschen; sie sind seine Geschöpfe. Ein Finger hat drei Gelenke. Die fünf Sinne des Menschen heißen: Gesicht, Gehör, Geruch, Geschmack, Gefühl. Der Geselle hilft dem Meister; er ist sein Gehilfe. Das Wasser rauscht; es macht Geräusch. Viele Berge bilden ein Gebirge, viele Büsche, ein Gebüsch, viele Sträuche, ein Gesträuch. Wo Mangel an Muth ist, ist Unmuth; wo keine Lust ist, ist Unlust. Unkraut ist all das Kraut, was da steht, wo es nicht stehen soll, und wäre es auch an sich das beste. Wo Weizen wachsen soll, ist selbst der nützliche Flachs Unkraut, und wo Flachs wachsen soll, ist alles andere Kraut, sogar der Weizen, Unkraut. Ein Unfall ist noch kein Unglück, und Unwille muß nicht Zorn sein; aber Unfriede ist gerade so viel, als Zank, und Unehre so viel als Schande. Das Feuer ist die Ursache der Wärme. Das Unglück ist die Ursache des Kummers. Erz ist der Urstoff des Eisens. Der Regen hat seinen Ursprung in Dünsten. Die Pflanzen haben ihren Ursprung in Samen; aber Alles, die ganze Welt, hat ihren Ursprung in Gott.

Groß, schön und reich ist Gottes Welt,
Und herrlich ist ihr ganzer Bau;
Das seh'n wir an des Himmels Zelt,
Das sagt uns jeder Tropfen Thau.

Und jedes Thier und jeder Baum,
Und jeder Stern im Himmels-Raum,
Und jeder Staub und Stein ruft laut:
Wie groß ist der, der sie gebaut!

24. Das Pferd und der Esel.

Das Pferd ist ein schönes und großes Thier. Es hat spitze Ohren und muntre Augen. An seinem Halse trägt es lange Haare, die schöne Mähne. Auch über seine Stirne hängt ein Büschel Haare. Seine Beine sind schlank und enden in einem Hufe. Sein Schweif reicht oft bis zur Erde hin. Der Farbe nach sind die Pferde schwarz, weiß, roth, braun, grau u. s. w. Man braucht das Pferd zu gar Vielem. Es trägt den Reiter, zieht den Pflug und die Egge, den Wagen und den Karren, den Schlitten und das Schiff.

Das Pferd lebt von Gras, Klee und Heu; doch muß es auch Hafer haben, soll es stark werden und tüchtig schaffen können. Sein Futter und sein Stall müssen reinlich sein, sonst bleibt es nicht gesund und nicht munter. Lange schläft das Pferd nicht, und meist steht es während des Schlafes.

Das Pferd wird auch Roß oder Gaul genannt; ist es aber schlecht gefüttert und mager, so nennt man es Klepper. Das Junge des Pferdes heißt Füllen. Ob die Pferde auch meist sehr treu sind, so gibt es doch auch falsche. Diese schlagen und beißen gern; drum gehe nicht zu Pferden, welche du nicht kennst. Bei uns gibt es nur zahme Pferde, in andern Ländern hat man auch wilde. Diese sind sehr scheu, fürchten den Menschen und können nur mit vieler Mühe gefangen werden.

Der Esel ist kleiner, als das Pferd; sein Kopf ist plumper und weniger schön, seine Brust ist schmäler und seine Ohren sind viel länger als die Ohren des Pferdes. Die Farbe der meisten Esel ist grau mit einem Kreuz von dunkleren Haaren auf seinem spitzen Rücken; doch gibt es auch röthliche, bräunliche und scheckige Esel. Bei uns ist der Esel träge und unansehnlich; aber in wärmern Ländern ist er lebhafter, muthiger und kräftiger, ja selbst weit schöner an Gestalt und Farbe. Sein Gang ist zwar viel langsamer, als der des Pferdes, aber auch viel sicherer, so daß man sich seiner zum Reisen auf steilen und gefährlichen Pfaden über höhere Berge gern bedient. Von allen Thieren ist er ohne Zweifel eines der genügsamsten. Bei gutem Futter, z. B. Heu und Hafer, bleibt er muthiger und kräftiger, und darum auch seinem Herrn nützlicher; doch begnügt er sich auch mit geringerer Kost, selbst mit hartem Stroh und scharfen Disteln. Als Trank darf man ihm aber nur reines, klares Wasser geben, denn selbst durch die stärksten Schläge ist er nicht dahin zu bringen, trübes Wasser zu trinken. Er hat ein scharfes Auge und ein sehr feines Gehör, aber ein stumpfes Gefühl. Wenn er nur den leisesten Ton hört, so spitzt er seine langen Ohren und bewegt sie nach allen Seiten. Er wird nicht nur zum Tragen, sondern auch zum Ziehen gebraucht und wird älter als das Pferd.

Lied. Der Kuckuck und der Esel, die hatten großen Streit: wer wohl am besten sänge zur schönen Maienzeit. — Der Kuckuck sprach: „Ich kann es!" und hub gleich an zu schrei'n. „Ich kann es besser!" fiel gleich der Esel ein. — Das klang so schön und lieblich, so schön von fern und nah! Sie sangen alle Beide: „Kucku! Kucku! J-a!"

25.

chen; Bild — Bildchen, Thierchen, Nestchen, Stückchen, Aestchen, Sträußchen, Hälmchen, Hähnchen, Mäuschen, Häuschen, Gläschen, Röschen, Häschen, Fünkchen, Kätzchen, Grübchen, Nüßchen, Söhnchen, Bäumchen.

lein; Kindlein, Körblein, Blümlein, Büchlein, Sprüchlein, Bächlein, Fischlein, Vöglein, Bienlein, Röcklein, Tüchlein, Schifflein, Ringlein, Kirchlein, Mägdlein. (Bildchen von Bild; Thierchen von Thier.)

26. Guten Morgen.

Guten Morgen, liebe Sonne!
Guten Morgen, grüner Baum!
Ihr steht schon so herrlich,
Ich wache noch kaum.

Alle Vöglein sind munter,
All' Thierlein dazu;
Kein Hühnlein blieb sitzen,
Kein Würmchen in Ruh.

Guten Morgen, mein Gärtchen,
Ihr Blümlein so rein,
Ihr Sternlein auf Erden,
So hell und so klein.

Guten Morgen, mein Büchlein,
Mein herzlieber Schatz,
Das Veilchen blüht heimlich,
Wer es findet, der hat's.

Wer fleißig ist, lernet,
Wer lernet, der ist brav;
Will lesen und schreiben,
Sonst bleib' ich im Schlaf.

Guten Morgen, lieber Vater,
Liebe Mutter dazu!
Nun gebt mir den Segen,
Und sagt, was ich thu'!

Lehren.

Frisch gethan und nicht gesäumt, was im Weg' liegt, weggeräumt, was dir fehlet, such' geschwind, **Ordnung lerne früh, mein Kind!**

Aus dem Bett und nicht gesäumt, nicht bei hellem Tag geträumt! **Erst die Arbeit, dann das Spiel, nach der Reise kommt das Ziel!**

Schnell besonnen, nicht geträumt, Nichts vergessen, Nichts versäumt! Nichts blos obenhin gemacht, was du thust, darauf gib Acht!

Abendlied. Bald ist es wieder Nacht, ja, wieder Nacht, mein Bettlein ist gemacht. Drein will ich mich legen wohl mit Gottes Segen; weil er die ganze Nacht, die ganze Nacht, gar treulich hat gewacht. — Dann schlaf' ich ruhig ein, ja, ruhig ein, gar sicher kann ich sein. Vom Himmel geschwinde kommen Engelein linde und decken still mich zu, ja still mich zu, und schützen meine Ruh. — Und wird's dann wieder hell, ja, wieder hell, dann wecken sie mich schnell. Drum spring ich so munter vom Bettlein herunter. Hab' Dank, Gott Vater du, Gott Vater du, ihr Englein auch dazu!

27.

er; Fisch — Fischer, Seiler, Schreiner, Schiffer, Schlosser, Städter, Förster; jagen — Jäger, Weber, Reiter, Zeiger, Bauer, Zänker, Wecker, Maler, Sänger, Herrscher, Führer, Finder, Retter, Händler, Drechsler, Heuchler, Schmeichler; Wagen — Wagner, Gärtner, Gürtler, Tischler, Kellner, Klempner, Kürschner.

el; Schlägel, Deckel, Henkel, Klingel, Flügel, Röthel, Kreisel, Gürtel, Drittel, Achtel.

in; der Hirt — die Hirtin, Diebin, Wäscherin, Fischerin, Sängerin, Dienerin, Schwätzerin, Sünderin, Büßerin, Gespielin, Christin, Helferin, Näherin, Freundin. (Die Hirtin; die Hirtinnen.)

ling; lehren, Lehrling, Pflegling, Säugling, Sträfling, Täufling; fremd — Fremdling, Jüngling, Frühling, Neuling, Spätling, Weichling; Daumen — Däumling, Hänfling, Höfling, Häusling, Schößling, Sprößling, Günstling. (Der Lehrling, die Lehrlinge.)

Der Fischer wirft sein Netz aus. Der Förster hütet den Forst. Der Schreiner braucht Hobel, Säge, Meißel und Schlägel. Der Schiffer muß recht herzhaft sein; denn er kann oft in Gefahr gerathen. Ein Jäger ist nicht immer Förster. Der Blinde hat einen Führer nöthig. Der Gärtner pflanzt Gemüse, Blumen und Bäume. Der Schwätzer wird gestört. Die Fischerin trägt Fische auf den Markt; der Städter kauft sie. Große Herren haben Diener. Eine Dienerin soll keine Schwätzerin sein. Die wahre Freundin wird auch eine Helferin sein. Der Frühling bringt uns Blumen. Der Knabe wird ein Jüngling, und der Jüngling wird ein Mann. Mancher Günstling ist ein Heuchler und ein Schmeichler.

28.

ei; Pfarrei, Druckerei, Gießerei, Ziegelei, Gerberei, Bäckerei, Brauerei, Bettelei, Heuchelei, Zänkerei, Arznei, Kinderei, Tändelei, Rauferei, Schlägerei, Schäferei, Schelmerei.

heit; Kind, Kindheit, Menschheit, Christenheit; frei, Freiheit, Krankheit, Blindheit, Dummheit, Klugheit, Gleichheit, Kühnheit, Feigheit, Falschheit, Wahrheit, Schwachheit, Weisheit, Faulheit, Trägheit, Trunkenheit, Trockenheit, Schönheit, Klarheit, Dunkelheit, Hoheit, Wildheit, Seltenheit, Offenheit.

keit; eitel, Eitelkeit, Uebelkeit, Heiterkeit, Bitterkeit, Lauterkeit, Munterkeit, Tapferkeit, Freudigkeit, Süßigkeit, Reinigkeit, Reinlichkeit, Kleinigkeit, Frömmigkeit, Mattigkeit, Aengstlichkeit, Aehnlichkeit. (fröhlich, Fröhlichkeit ꝛc. Siehe Nr. 15.)

ung; biegen, Biegung, Uebung, Deutung, Prüfung, Führung, Heilung, Kleidung, Neigung, Oeffnung, Rechnung, Schonung, Reibung, Warnung, Stärkung, Sendung, Zeichnung, Weisung, Zahlung, — Stallung, Waldung, Pflanzung, Heiligung, Kräftigung, Sättigung, Nöthigung. (Biegung von biegen.)

Heuchelei und Schmeichelei sind gleich häßlich. In der Gießerei schmilzt man Erz zu Guß. In der Gerberei gerbt man Leder aus Häuten. Klugheit ist im Leben nöthig. Die Gans gilt als Bild der Dummheit. Die Katze zeigt viele Falschheit. Rohheit ist häßlich und strafbar. Blindheit und Taubheit sind zwei Uebel. Trägheit und Dummheit reichen sich die Hände. Die Trockenheit ist den jungen Pflanzen schädlich. Mancher Kranke fühlt Uebelkeit. Die Vögel zeigen viele Munterkeit. Heiterkeit steht den Kindern gut, Trotzigkeit aber nicht. Artigkeit und Höflichkeit gefällt allen Menschen. Die Ente und die Gans haben viele Aehnlichkeit. Die Kleidung muß rein gehalten werden. Bäche und Flüsse haben allerlei Krümmungen. Der Küfer gibt dem Reife die rechte Biegung. Sättigung gibt neue Kräftigung. Völlerei bringt Krankheit. Ohne viele Uebung lernt man nicht lesen; denn Uebung macht den Meister.

29.

niß; das Bildniß, Zeugniß, Bündniß, Gleichniß, Aergerniß, die Fäulniß, Kenntniß, Finsterniß, Kümmerniß, das Gefängniß, Geständniß.

schaft; Freundschaft, Feindschaft, Knechtschaft, Kindschaft, Herrschaft, Wirthschaft, Baarschaft, Bürgschaft, Landschaft, Ortschaft, Dorfschaft, Habschaft, Bürgerschaft, Bruderschaft, Dienerschaft, Leidenschaft.

thum; Wachsthum, Irrthum, Reichthum, Heiligthum, Eigenthum, Christenthum, Fürstenthum.

sal, sel, rich; Trübsal, Drangsal, Schicksal, Labsal; Räthsel, Mengsel, Stöpsel, Häcksel, Schabsel; Fähnrich, Gänserich, Wüthrich, Estrich, Heinrich, Friedrich.

Der Meister gibt dem Lehrling ein Zeugniß. In der Finsterniß stößt man leicht an. In der Schule erhält man von vielen Sachen Kenntniß. Durch böse Handlungen gibt man Aergerniß. Ein fauler Apfel bringt auch gute in Fäulniß. Baares Geld nennt man Baarschaft. Eigenthum heißt auch Habe oder Habschaft. Nicht ein Jeder, der sich Freund nennt, übt Freundschaft. Zu einer Dorfschaft gehören alle Leute eines Dorfes. Eine Landschaft ist eine Gegend, die man auf einmal übersehen kann. Zu der Dienerschaft gehören Diener und Dienerinnen. Regen, Wärme, Licht und Luft fördern das Wachsthum. Reichthum macht nicht immer glücklich, und Armuth nicht immer unglücklich.

30.

Essig, Rettig, Käfig, König, Honig, Zeisig, Bottich, Teppich, Fittig, Pfirsich, Lattich, Drillig, Kranich, Habicht, Abend, Gegend,

Dutzend, Jugend, Tugend, Heiland, Armuth, Demuth, Wermuth, Heimath, Heirath, Zierath, Kleinod, Hering, Zwilling, Schilling, Sperling, Wirsing, Messing, Echo, Sopha, Wittwe, Doktor, Tabak, Hoffart, Zimmet, Sammet, Oheim, Marmor, Palast, Komma, Kürbis, Brosam, Nachbar, Epheu, Petschaft, Elend, Scharlach, Monat, Almosen, Sellerie, Eidechse, Hornisse.

Altar, Natur, Figur, Salat, Spinat, Soldat, Muskat, Pokal, Planet, Komet, Magnet, Prophet, Anis, Granit, Kamin, Termin, Ruin, Insekt, Kameel, Allee, Armee, Glasur, Provinz, Balkon, Person, Klavier, Papier, Manier, Musik, Talent, Regent, Galopp, Metall, Krystall, Modell.

Forelle, Gazelle, Tabelle, Koralle, Kamille, Kartoffel, Pantoffel, Matratze, Trompete, Posaune, Messias, Apostel, Familie, Kommode, Rosine, Kaninchen, Hyäne; Kamerad, Mineral, Element, Firmament, Magazin.

Licht — Finsterniß, Tag — Nacht, Friede — Krieg, Liebe — Haß, Stärke — Sch., Fleiß — F., Freude — L., Tugend — L., Treue — F., Anfang — E., Nutzen — Sch., Herr — K., Segen — F., Ehre — Sch. Armuth — R., Berg — Th., Höhe — T., Kind — G., Stolz — D., Sommer — W., Jugend — A., Tod — L., Himmel — H.

31. Der Himmel.

Wie hoch mag wohl der Himmel sein? Das will ich gleich dir sagen. Wenn du schnell wie ein Vögelein, die Flügel könntest schlagen, und fliegest auf und immer auf in jene blaue Ferne, und kämest endlich gar hinauf zu einem schönen Sterne, und fragtest dort ein Engelein: Wie hoch mag wohl der Himmel sein? Dann sei gewiß, das Englein spricht: Mein Kind, das weiß ich selber nicht; doch frag' einmal dort drüben an, ob jener Stern dir's sagen kann. Du brauchst indeß nicht sehr zu eilen, es sind nur hundert tausend Meilen. Und flögst du nun zum Sternlein dort, man sagt dir noch dasselbe Wort; und flögst du weiter fort und fort, von Stern zu Stern, von Ort zu Ort, es weiß doch Niemand dir zu sagen, du wirst doch stets vergeblich fragen: Wie hoch mag wohl der Himmel sein? — Denn, Kind, das weiß nur Gott allein.

32. Die Familie.

Ich habe einen Vater und eine Mutter; die sind meine Eltern und ich bin ihr Kind. Sie lieben mich herzlich, sie geben mir Nahrung und Kleidung, sie schützen und pflegen mich. Das ganz junge Kind ist klein und schwach. Es kann weder stehen noch gehen. Dann trägt es die gute Mutter und hält es auf dem Schooße. Das Kindlein ist der Liebling der Mutter. Es hat noch keine Zähne, die Mutter muß es mit Milch nähren. Will das Kind schlafen, so legt sie es sanft in sein weiches Bettchen. Wird es aber krank, so holen die Eltern einen Arzt; der gibt ihm Arznei, damit die Krankheit schwindet. Die Eltern sprechen freundlich mit dem Kinde, und es lernt von ihnen sprechen. Ist es größer, so schicken sie es in die Schule. Dort lernt es schreiben, lesen, rechnen und andere nützliche Sachen.

Weil meine Eltern mir so viel Gutes thun, und mich so innig lieben, so soll ich sie auch wieder lieben; ich soll ihnen dankbar, folgsam und gefällig sein, und ihnen alles Gute wünschen und thun. Ich soll für sie beten, daß Gott sie lange leben läßt. Die Eltern mancher Kinder sterben früh. Dann sind die Kinder sehr unglücklich, sie sind Waisen und haben oft Mangel an Nahrung und Kleidung. Und wenn keine guten Menschen sie zu sich nehmen und sie pflegen, so werden sie elend und krank, und viele solcher Waisen sind schon jämmerlich gestorben. Und wenn sie auch nicht sterben, so wachsen sie doch roh und wild auf, wie die Bäume im Walde. Möchte der liebe Gott doch meine Eltern lange leben lassen!

Haben meine Eltern außer mir noch Kinder, so sind diese meine Brüder und meine Schwestern, meine Geschwister. Auch diese soll ich lieben, und nicht zänkisch oder neidisch gegen sie sein. Sie werden ja auch von meinen Eltern geliebt und sie lieben auch meine Eltern und mich. Wir wohnen alle in einem Hause; dies ist unsere Wohnung. Wir alle bilden eine Familie. In mancher Familie lebt auch noch der Groß=Vater und die Groß=Mutter. Wir sind ihre Enkel. Auch sie sind Glieder der Familie, und man soll recht freundlich und gefällig gegen sie sein. Es thut ihnen sehr leid, wenn ihre

Enkel sie nicht wieder lieben, da sie ihnen ja auch so gut
sind. Zu manchen Familien gehören auch Knechte und
Mägde, Gesellen und Gehilfen. Der Vater ist das Haupt
der Familie. Er ordnet Alles an und sorgt für jedes
einzelne Glied der Familie. Die Mutter ist ihm dabei
behilflich; sie macht die Arbeit im Hause, in der Küche
sie kocht und näht, und pflegt und wartet die Kinder, betet
mit ihnen und lehrt sie beten. Der Vater geht den Ge=
schäften seines Amtes oder Gewerbes nach, und kann oft
den ganzen Tag nicht zu Hause sein. Kehrt er heim, so
eilen seine Kinder freudig auf ihn zu, klammern sich an
ihn und wissen ihm Manches zu sagen. Ich will meinen
Eltern so viel helfen als ich kann.

Dörfer und Städte bilden für sich größere Familien
(Gemeinden). Auch alle Glieder dieser Familie sollen sich
ehren und lieben. Alle Dörfer aber, alle Flecken und
Städte eines Landes bilden die größte Familie den Staat.

Lied. Ich hab' mich ergeben mit Herz und mit Hand, dir, Land voll
Lieb' und Leben, mein theures Vaterland! — Mein Herz ist entglommen,
dir treu zugewandt, du Land der Frei'n und Frommen, du herrlich Hei=
mathsland! — Ach Gott, thu erheben mein jung Herzensblut, zu frischem,
freud'gem Leben, zu freiem, frommem Muth! — Laß Kraft mich erwerben
in Herz und in Hand, zu leben und zu sterben für's heil'ge Vaterland!

33.

Ich,   du,   er, sie, es.
Wir,   ihr,   sie.

Ich lebe, du lebst, er lebt, sie lebt, es lebt.
Wir leben, ihr lebet, sie leben.
Ich gebe, du gibst, er gibt, sie gibt, es gibt.
Wir geben, ihr gebet, sie geben.

Ich bin ein Mensch. Ich habe Bücher. Ich gehe in die Kirche.
Ich schreibe Sätze. Du bist fleißig. Du hast einen Leib und eine
Seele. Du liesest im Buche. Du siehst in dein Buch. Du spitzest
einen Griffel. Der Vogel macht uns viele Freude; er ist munter,
er hat so schöne Federn, er singt sein Stückchen, er hüpft froh um=
her; er kennt mich auch, und fürchtet mich wenig, er weiß, daß ich

ihm nichts zu leide thue. Die Sonne thut uns sehr wohl; sie ist so schön hell, sie leuchtet und wärmt, sie mache den Tag, sie reift Obst und andere Früchte, sie geht Morgens auf und Abends unter, und so kehrt sie täglich wieder; sie scheint uns oft zu warm, dann gehen wir in den Schatten.

Das Wasser ist sehr nützlich; es löscht Menschen und Thieren den Durst, es dient zum Waschen und Kochen, es macht die Pflanzen frisch; es bildet Bäche, Flüsse und Ströme, es treibt Mühlen, es trägt Schiffe, es ist der Wohn=Platz so vieler Fische und anderer Thiere.

Wir schreiben mit Griffeln. Wir greifen mit den Händen. Wir hören, wenn man uns ruft. Wir essen und trinken, um uns zu sättigen. Wir gehen, laufen und springen. Wenn ihr klettert, so brauchet ihr Hände und Füße. Ihr klammert euch mit ihnen an, und haltet euch fest. Die Hände könnet ihr noch zu Vielem gebrauchen. Wollt ihr z. B. schreiben, so könnet ihr das nur mit den Händen. Weil ihr so viel mit denselben thun könnt, so schont sie auch, aber übt sie, auf daß sie recht geschickt werden.

Die Bienen sind emsige Thierchen; sie fliegen des Morgens schon früh aus ihrem Hause, sie suchen Blumen und setzen sich darauf, sie kriechen oft gar hinein und saugen Honig aus ihnen und tragen ihn in ihre Zellen. Sie sind immer fleißig und lehren auch uns fleißig sein.

Drum: Kinder, geht zur Biene hin, seht die kleine Künstlerin, wie sie emsig sich bemüht und aus Blumen Honig zieht.

34.

Mein, dein, sein;
unser, euer, ihr.

Mein Vater, dein Bruder, seine Schwester;
meine liebe Mutter, deine gute Tante, sein treuer Knecht;
unser Garten, unsere Wiese, unser Dorf;
unser großer Baum, eure weiße Taube, ihr schwarzes Huhn.

Mein Vater und meine Mutter thun mir viel Gutes. Die Kinder sind ihren Eltern Dank schuldig. Der Lehrer liebt seine Schüler, und er sorgt für ihr Bestes. Die Schüler sollen auch ihre Lehrer lieben. Die Mutter freut sich über ihr gutes Kind. Jeder nütze seine Jugend. Der Fleißige macht seine Arbeit schnell und gut. Die Vögel füttern ihre Jungen. Der Mann ist stark und herzhaft; sein Arm ist kräftig, seine Faust nervig, sein Auge feurig. Die Züge seines Gesichtes sind ernst, seine ganze Gestalt zeigt Würde und Festigkeit. Der Mann kennt seine Kraft; darum ist sein Muth groß; in seinen Handlungen ist er kühn, und sein Herz schlägt auch bei Gefahren noch ruhig. Sein starker Körper scheut auch schwere Arbeit nicht.

Unsere Tauben sind sehr liebe Vögel. Sie bleiben immer nah an unserm Hause, setzen sich auf das Dach, und gehen in unserm Hofe umher. Sie putzen und säubern ihre Federn, und ihre Füßchen sind stets rein. Ich habe meine Freude an ihnen. Sie picken oft aus meiner Hand, und schauen mich aus ihren hellen Aeuglein so traulich an. Dann fliegen sie zu ihren Jungen, füttern sie, und kommen bald wieder zu mir. (Mein Bruder, meine Brüder; dein Buch, deine Bücher; seine Feder; ihr neues — —, dein scharfes — —, sein spitzer — —, mein kleiner — — —.)

35. Die Schüler.

Eines Tages kamen die Kinder aus der Schule. Viele eilten lärmend und schreiend über die Straße hin und liefen wild umher. Das ist nicht schön. Brave Kinder gehen still und sittsam aus der Schule heim und grüßen einen Jeden freundlich. Nur zwei Knaben, Joseph und Heinrich, gingen still und ruhig ihres Weges und sprachen über das, was sie in der Schule gelernt hatten.

Aber, weißt du auch noch, fragte Joseph den Heinrich, was unser Lehrer uns heute Neues aus der Sprache gesagt hat?

H e i n r i c h. Meinst du, ich hätte nicht Acht gegeben? Meine Mutter sagt immer, wenn ich zur Schule gehe: „Heinrich, merke auf jedes Wort des Lehrers und sei ihm recht folgsam." Das thue ich auch. Heute sprach der Lehrer vom Fürwort, welches den Besitz von Etwas angibt. — Doch, lieber Joseph, nun frage ich dich auch einmal. Weißt du auch noch wie jene Wörter heißen?

J o s e p h. O! ich habe sie recht gut behalten. Mein, dein, sein; unser, euer, ihr heißen sie. Meine Sätze will ich dir auch noch sagen, die ich auf meine Tafel geschrieben hatte.

H e i n r i c h. Halt! ich weiß meine Sätze auch noch

alle. Ich sage die meinigen zuerst, ich bin älter als du. Gestern hat mein Vater noch gesagt: Alter geht vor!

Joseph. Nun ja, mir ist es recht. Aber ich meine, der Satz werde nicht immer befolgt.

Heinrich. Ich hatte diese Sätze geschrieben: Meine Eltern sind mir am liebsten auf der Welt. Deine Worte sollen alle wahr sein. Sein Gebet wurde erhört. Unser Leben ist kurz. Eure Haare sind alle von Gott gezählt. Ihre Augen gingen ihnen auf.

Joseph. Deine Sätze sind größer und schöner als die meinigen. Ich hatte das Fürwort nur vor ein Hauptwort gesetzt. Der Lehrer sagte ja auch, wir könnten die sechs Wörter in demselben Satze brauchen, wir sollten ihn nur sechsmal schreiben. Meine Sätze hießen: Mein Gott ist mein bester Vater. Dein Gott ist dein bester Vater. Sein Gott ist sein bester Vater. Unser Gott ist unser bester Vater. Euer Gott ist euer bester Vater. Ihr Gott ist ihr bester Vater.

Heinrich. Deine Arbeit gefällt mir noch besser als meine. Es ging ja nur darum, das Fürwort richtig gebrauchen zu lernen. Auch höre ich die Sätze von Gott so gern.

Während der ganzen Zeit, als beide Knaben so sprachen, ging ein fremder Herr hinter ihnen und hörte ihnen mit Freuden zu. Sie hatten das nicht gemerkt. Als aber einer dem andern seine Sätze gesagt hatte, trat der Fremde hervor und sagte freundlich zu den zwei Knaben: „Das ist recht brav, meine Kinder. Ihr seid in der Schule achtsam und fleißig gewesen. So fahret fort, dann werdet ihr tüchtige Schüler. Denn das Kind kommt im Lernen nicht weit, das nur in der Schule lernt. Auch außer der Schule muß man wirken für die Schule. Kinder, welche die Worte des Lehrers zu einem Ohre hinein= und zum andern Ohre herausgehen laſſen, können es nie zu etwas Gutem bringen. Unſer ganzes Leben iſt eine Schule. Immer und an jedem Orte müſſen wir lernen und jeden Tag weiſer und beſſer werden. So gefallen wir Gott." Jetzt wollte der freundliche Fremde den beiden Knaben ein Geſchenk geben. Aber ſie nahmen es nicht an und dankten recht höflich. Unter lieblichem Gruße verließ ſie der Fremde. Heinrich aber ſagte: Nicht wahr, lieber Joſeph, wir lernen ja nicht um des Geldes willen; wir wollen ja nur gute Menſchen werden. Mein Vater ſagte mir ſchon oft: „Der Menſch darf für das Gute nicht bezahlt ſein wollen." — Dieſe beiden Knaben blieben auch ferner fleißig und brav und wurden glückliche Menſchen.

Lied. Freut euch der Schule, weil ihr noch Kinder ſeid, nützet die Jugend, ſchnell flieht die Zeit! Die Schule macht euch frohen Muth, ſie macht euch weiſe, macht euch gut; drum ſollt ihr ja recht fleißig ſein und euch der Schule freu'n. Freut euch der Schule, weil ihr noch Kinder ſeid, nützet die Jugend, ſchnell flieht die Zeit! — Ihr ſeid noch Bäumchen jung und zart, ſeid ihr erwachſen, geht es hart, was Hänschen läßt im Kopfe leer, füllt Hans wohl ſchwerlich mehr. Freut euch der Schule ꝛc. — Seid in der Schul' beim Unterricht recht eingezogen, ſchwätzet nicht, und merket auf die Lehre auf und lernet brav darauf. Freut euch der Schule ꝛc. — Und iſt dann eure Schule aus, ſo geht recht ſittſam, ſtill nach Haus, zeigt, daß ihr gute Kinder ſeid, flieht Grobheit, Zank und Streit. Freut euch der Schule ꝛc. — Wollt nicht zu Hauſe müßig geh'n, denn hurtig, fleißig ſein iſt ſchön; liebt Ordnung, Reinlichkeit im Haus, geht unerlaubt nicht aus. Freut euch der Schule ꝛc. — Schlaft nicht zu lang, ſteht auf geſchwind, in Allem folgt dem Jesuskind! Bei Spiel und Arbeit und Gebet denkt oft an Nazareth! Freut euch der Schule ꝛc.

36. Können, dürfen, mögen.

Der Haſe kann ſchnell laufen. Die Schwalbe kann lange fliegen. Das Eis kann brechen. Der Geiſt kann nicht ſterben. Ein Fauler kann es nicht weit bringen. Mit Griffeln kann man nicht auf Papier ſchreiben. Ein Reicher kann arm werden. Auch Arme können glücklich ſein. Der Hagel kann ſchaden. Die Kugel kann nicht viereckig ſein. Alle Menſchen können irren. Nicht alle Vögel können fliegen. Die Nachtigall kann ſchön ſingen. Reifes Obſt darf man eſſen; unreifes darf man nicht eſſen. Die Kinder dürfen nicht unartig ſein. Der Schüler darf nicht unachtſam ſein.

Wenn man erhitzt ist, darf man nicht trinken. Keinem Baume darf man Schaden thun. Auch das Thier fühlt Schmerz, man darf es nicht quälen. Wir dürfen nicht lügen. Man darf über keinen Unglücklichen spotten. Kinder dürfen kein Gewehr in die Hand nehmen. Der Lustige darf nicht unbändig sein. Der Gesittete darf nicht unhöflich sein. In der Kirche darf man nicht lachen und schwätzen.

Der Faule mag nicht arbeiten; die Faulen mögen nicht arbeiten. Einen dummen Menschen mag Niemand haben. Der Hungrige möchte essen. Der Durstige möchte trinken. Der Kranke möchte gesund werden. Wer auf keinen Rath hört, mag durch Schaden klug werden. Kein Mensch möchte gern unglücklich sein. Möchten alle Menschen brav sein!

37. Müssen, sollen, wollen, lassen.

Man muß Gott mehr gehorchen, als den Menschen. Kinder müssen gehorchen. Alle Menschen müssen sterben. Blinde müssen geführt werden. Wer ernten will, muß säen. Wer etwas wissen will, muß lernen. Eine Obrigkeit muß sein. Menschen und Thiere müssen Luft haben. Die Erde muß sich drehen. Das Brot muß gebacken werden. Schiffe muß man lenken. Wenn der Jäger treffen will, muß er zielen. Wer Gott lieben will, muß seine Gebote halten. Alle Menschen sollen höflich und gefällig sein. Man soll Kinder nicht ärgern. Wir sollen gar nichts Böses thun. Wir sollen auch die Feinde lieben. Kinder sollen gern in die Kirche und Schule gehen. Kinder sollen auch zu Hause lernen. Wer nicht arbeitet, soll auch nicht essen. Einen Zänker soll man meiden. Den Armen soll man gern geben. Auch gegen Fremde sollst du höflich sein. Dem Tauben sollst du nicht fluchen, und dem Blinden sollst du nichts in den Weg legen. Wir sollen für alle Menschen beten. Du sollst Vater und Mutter ehren. Wir sollen immer die Wahrheit sagen; wir dürfen nie lügen. Man soll keinem Menschen etwas nehmen; man darf nicht stehlen. Ich will schreiben. Du willst lesen. Er will fleißig sein. Alle Menschen wollen selig werden. Das kleine Kind will schlafen. Der Müde will ruhen. Das eitle Mädchen will sich putzen. Wer nicht hören will, der muß fühlen.

Man läßt den Dieb fangen. Der Lehrer läßt die Kinder schreiben. Gott läßt das Gras wachsen, das Korn reifen, die Blumen blühen. Gott läßt dem Menschen freien Willen. Der Heiland ließ die Kinder zu sich kommen.

Wenn ich wollte, was ich sollte, könnt' ich Alles, was ich wollte.
* *
Wer etwas weiß und kann, trägt niemals schwer daran.

38. Das Bild der Tugend.

Einst schloß Papa
Ein Briefchen — da
Kam Fritz herbei:
„Laß einmal seh'n,
Ob's Siegel schön
Gerathen sei?"

Im Siegel glänzt,
Mit Laub umkränzt,
Gar engelmild
Der Tugend Bild.
Der Abdruck war
So scharf wie Haar.

Mein Fritzchen spricht:
„Gib mir nur Licht
Und Siegelwachs.
Was gilt's, ich mach's
So schön wie du?
Sieh einmal zu!"

Er drückt hierauf,
Wie sich's versteht,
Das Siegel auf —
Doch viel zu spät,
Der Abdruck war
Fast unkennbar.

„Dem Wachse gleich,
Das warm und weich,
Ist jetzt dein Herz;
Ist es einst alt,
Für's Gute kalt —
Wird's hart wie Erz."

„Drum, Knabe, jetzt,
Jetzt drück' dir, jetzt
Die Tugend ein!
Jetzt ist's nicht schwer,
Und hält doch sehr,
Trotz Stahl und Stein."

39.

be; bedenken, bedeuten, bedienen, befeuchten, befolgen, befreien, befürchten, begeben, begegnen, begehen, begeistern, begleiten, bekleiden, belehren, beleuchten, belohnen. (bedecken — die Bedeckung.)

ge; gebrauchen, gefallen, gelangen, gelingen, genießen, geschehen, gestehen, gewöhnen.

er; erheben, erbarmen, erdrücken, erdulden, ereilen, erfahren, erfinden, erforschen, erfrischen, erfüllen, ergeben, ergänzen, erhalten, erkälten, erklären, erlernen, erlösen. (erheben — die Erhebung.)

ver; verachten, verändern, verarmen, verbannen, verbessern, verbeugen, verbieten, verbinden, verbittern, verblenden, verblühen, verbreiten, verdauen, verehren, verdienen, verfälschen, verfehlen, verfolgen, verführen, vergleichen. (verachten — die Verachtung.)

In der Stube bedecke den Kopf nicht. Seine Eltern muß man gern bedienen. Bei Trockenheit begießen die Gärtner die Pflanzen. Der Hund begleitet seinen Herrn. Gott belohnt die Tugend. Das Wasser setzt das Rad in Bewegung. Die Schuhe und Stiefel dienen zur Bedeckung der Füße. Wir bewundern die Schönheit der Blumen. Brave Menschen gelangen zu Ehren. Beim Schreiben gebrauchen wir Federn oder Griffel. Gute Menschen gestehen ihre Fehler. Jeder gewöhne sich gute Sitten an. Genieße jede Speise mäßig. Ein Trunk Wasser verschafft dem Körper Erfrischung

Vertrauen auf Gott erfüllt mit Muth). Sein Versprechen muß man halten. Die Blumen verwelken und verblühen. Dunkle Wolken verhüllen die Sonne. Gefundene Sachen darf man nicht verhehlen. Dem lieben Gott verdanken wir alles Gute.

40.

zer; zerbrechen, zerfallen, zerfließen, zerhacken, zerknicken, zerkratzen, zerlegen, zermalmen, zernagen, zerreiben, zerreißen, zerschneiden, zerstören, zerstreuen, zerquetschen.

emp; empfangen, empfehlen, empfinden.

ent; entbehren, entdecken, entehren, entlassen, entfernen, entgegnen, enthalten, enthüllen, entkräften, entrichten, entscheiden, entwaffnen, entweichen, entzünden, entzweien.

miß; mißrathen, mißglücken, mißachten, mißverstehen, mißfallen, mißbrauchen, mißgönnen, mißhandeln, mißlingen, mißtönen, mißtrauen, mißkennen, mißklingen. (zerbrechen — brechen.)

Gläser und Flaschen zerbrechen leicht. Die Metzger zerhacken das Fleisch. Ein Haus, das uneinig ist, zerfällt. Blumen soll man nicht unnöthig zerknicken. Die Arbeiter empfangen ihren Lohn. Meister empfehlen ihre braven Gesellen. Die Kranken empfinden Schmerzen. Die Armen entbehren oft des Brotes. Die Blätter entfärben sich im Herbst. Die Sünde entehret den Menschen. Der Rhein entspringt in der Schweiz. Der Lügner entstellet die That. Die Kinder antworten dem Lehrer. Durch zu viel Regen muß die Ernte mißrathen. Auch den Klügsten kann etwas mißglücken. Wer Andern das Gute mißgönnt, ist neidisch. Undank mißfällt jedem Menschen. Mancher hat ein gutes Herz und wird doch mißkannt.

Zerreiß, zerstückle keine Sachen, verdirb sie nicht, benutze sie;
Du kannst ja noch so wenig machen, und Alles kostet Zeit und Müh'.

41. Hacke und Stiel.

Die Hacke wurde einmal mit ihrem Stiele uneinig, und Jedes lag in einer andern Ecke und schmollte. Sonst hatten sie ihre Arbeit zusammen gethan, und hatten sich niemals getrennt, und waren dabei blank und glatt geblieben; aber nun war keines zu brauchen, weil das andere fehlte. Wären sie vernünftig gewesen, sie hätten sich wieder versöhnt, und mit ein paar Hammer-Schlägen wären sie wieder vereinigt gewesen. Allein die Hacke sagte: „Ich will doch dem dummen Stiele keine guten Worte geben," und der Stiel brummte vor sich hin: „Die unleidliche Hacke kann lange warten, bis ich ihr wieder komme." Kurz, es blieb Jedes in seiner Ecke und trotzte.

Aber was geschah? Nach einiger Zeit kam der Herr und sah, daß die Hacke ganz verrostet und kaum noch zu brauchen war. Da sprach er zur Magd: „Geh, wirf die Hacke unter das alte Eisen, sie ist doch nichts mehr werth. Wenn der Tröbler kommt, mag er den Quark für ein paar Pfennige mitnehmen." Als er darauf auch den Stiel in der andern Ecke fand, sagte er zu der Magd: „Das Holz da nimm mit in die Küche und verbrenne es, ehe es ganz modrig wird. Morgen aber gehe zu dem Schmiede und bestelle eine neue Hacke mit einem neuen Stiel."

42. eln (n), ern (n), igen, iren.

Jubeln, handeln, wandeln, wickeln, wirbeln, schütteln, klingeln, trommeln, straucheln, lächeln, spötteln, winseln, haspeln, raspeln, hobeln, verzärteln, zerstückeln, entfesseln; zittern, flattern, schnattern, wundern, ändern, ärgern, wandern, hadern, plaudern, schmettern, klappern, zögern, erbittern, erschüttern, betheuern; ächzen, jauchzen, schluchzen, seufzen, krächzen, lechzen; reinigen, heiligen, huldigen, züchtigen, kräftigen, vereinigen, beschädigen, beschäftigen, besänftigen, beschuldigen, beerdigen, besichtigen, beschwichtigen, beglaubigen, entledigen, vereidigen, beendigen, sündigen; halbiren, liniiren, schattiren, stolziren, punktiren, jubeliren. (Das frohe Kind jubelt.)

43. Die Ernte.

Im Sommer steht die Sonne hoch, es ist daher sehr warm, und durch die Wärme wird das Getreide reif. Das reife Getreide wächst nicht mehr, es hat gelbe Halme und gelbe Aehren, und die Körner in den Aehren sind braun und hart. Das reife Getreide darf aber nicht

länger auf dem Felde bleiben, es muß geerntet werden.
Die Leute gehen dann mit Sicheln und Sensen auf das
Feld und schneiden oder mähen das reife Getreide ab.
Sie binden es dann in Garben und führen es in die
Scheune. Gewöhnlich aber bleibt das Getreide noch
einige Tage auf dem Felde liegen oder wird in Haufen
zusammen gestellt, damit es recht trocken werde. Oben
auf einen solchen Haufen stellt man eine Garbe so, daß
sie wie ein Dach den ganzen Haufen bedeckt. Diese
Garbe nennt man Hut. Den Haufen aber nennt man
Kasten. In vielen Gegenden stellt man auf einen Ka=
sten immer 10 Garben. Auf diese Weise läßt sich leicht
zählen, wie viele Garben auf dem Felde stehen.

Das Obst wächst auf den Bäumen. Es schmeckt
gut und dient den Menschen zur Nahrung. Ich darf
aber kein unreifes Obst pflücken und essen. Ich würde
davon krank werden und könnte wohl gar sterben. Un=
reife Kirschen sehen grün aus, sind hart und schmecken
herbe. Reife Kirschen aber sehen roth und oft schwarz
aus. Sie sind weich und schmecken süß. Es gibt aber
auch sauere Kirschen, und diese schmecken auch dann sauer,
wenn sie reif sind. Reife Pflaumen sehen blau aus, sie
sind weich und saftig und schmecken süß. Reife Aepfel
und Birnen sehen gelb und roth aus, und die Kerne
darin sind braun und schwarz. Wenn das Obst reif ist,
so wird es auch geerntet, aber es wird nicht gemäht und
geschnitten, so wie das Getreide, sondern es wird gepflückt
(gelesen) oder geschüttelt. Das Obst wird entweder
roh, gekocht oder gebacken gegessen, oder es wird Getränk
daraus bereitet.

Die Kartoffel, welche auch Grund=birn, Erd=birn,
oder Erd=apfel genannt wird, wächst unter der Erde als

Knolle an den Wurzeln einer Pflanze. Sie stammt aus Amerika, und wurde durch den Engländer Franz Drake im Jahre 1586 nach Europa gebracht. So nützlich diese Pflanze auch ist, so ging es doch sehr lange zu, bis sie allgemein gezogen wurde. Jetzt ist sie in ganz Europa verbreitet und in vielen Gegenden fast die einzige Nahrung der armen Leute. Es gibt verschiedene Sorten von Kartoffeln. Einige sind rund, andere sind länglich-rund, und fast alle knotig. Von außen sehen sie weiß, roth, blau oder schwarz aus. Von innen sind die meisten weiß oder gelblich; doch gibt es auch schwarze. Mit den schlechteren Sorten wird das Vieh gefüttert. Sie werden in den Monaten September und Oktober mit der Hacke oder dem Karste aus-gegraben und in Säcken oder großen Kasten nach Hause gefahren und in den Keller geschüttet.

Der Weinstock wächst meist an Bergen, und diese Berge nennt man Wein-berge. Auch an den Häusern und in den Gärten wird der Weinstock gepflanzt und gezogen. An dem Wein-stocke sind die Reben, und an den Reben wachsen die schönen und lieblichen Trauben. Diese schmecken süß, sind sehr saftig und daraus wird der Wein gemacht. Die Trauben werden spät im Herbste reif, und dann gehen Männer und Frauen, Knaben und Mädchen fröhlich in den Wein-berg, um die lieblichen Trauben zu ernten. Jeder hat ein Messer oder eine Scheere in der Hand und schneidet damit die Trauben ab. Diese werden in Kübel (Legel) und Hotten gelegt, und von starken Männern und Jünglingen in Bütten oder auf die Kelter getragen. Hier werden sie zertreten und ausgepreßt. Der Saft heißt Most und man gießt ihn in ein Faß. In dem Fasse gährt der Most und wird dadurch klar, und heißt dann Wein.

Ist die Ernte zu Ende, so halten die Leute ein Fest, sie freuen sich ihrer Arbeit und des reichen Segens ihrer Felder und Wein=berge und danken Gott, der ihnen so viel Gutes wachsen ließ.

Lied. Wir pflügen und wir streuen den Samen auf das Land; doch Wachsthum und Gedeihen steht in des Höchsten Hand. Er sendet Thau und Regen und Sonn- und Mondenschein; von ihm kommt aller Segen, von unserm Gott allein. Alle gute Gabe kommt her von Gott dem Herrn; d'rum danket ihm und hofft auf ihn. — Was nah ist, und was ferne, von Gott kommt alles her, der Strohhalm und die Sterne, der Sperling und das Meer. Von ihm sind Büsch' und Blätter, und Korn und Obst von ihm: von ihm mild Frühlings-Wetter, und Schnee und Ungestüm. Alle gute Gabe kommt her von Gott dem Herrn; d'rum danket ihm und hofft auf ihn. — Er, er macht Sonnen-Aufgehen, er stellt des Mondes Lauf; er läßt die Winde wehen und thut den Himmel auf. Er schenkt uns so viel Freude, er macht uns frisch und roth; er gibt dem Viehe Weide und allen Menschen Brot. Alle gute Gabe kommt her von Gott dem Herrn; d'rum danket ihm und hofft auf ihn.

44.

Ich rede, du redest, er (sie, es) redet.
Wir reden, ihr redet, sie reden.
Ich habe geredet, du hast geredet, er hat geredet.
Wir haben geredet, ihr habet geredet, sie haben geredet.
Ich werde reden, du wirst reden, er wird reden.
Wir werden reden, ihr werdet reden, sie werden reden.

Ich denke, ich habe gedacht, ich werde denken. Du betest, du hast gebetet, du wirst beten. Er (der Müde) ruhet, er hat geruhet, er wird ruhen. Sie (die Sonne) scheint, sie hat geschienen, sie wird scheinen. Es (das Mädchen) strickt, es hat gestrickt, es wird stricken. Wir sind heute in der Schule; wir sind gestern in der Schule gewesen; wir werden morgen in der Schule sein. Ihr leset jetzt, ihr habet gestern gelesen, ihr werdet auch künftig lesen. Sie (die Pflanzen) wachsen, sie sind früher gewachsen, sie werden später auch noch wachsen.

Ich werde belehrt, du wirst belehrt, er (sie, es) wird belehrt.
Wir werden belehrt, ihr werdet belehrt, sie werden belehrt.
Ich bin belehrt worden, du bist belehrt worden, er ist belehrt worden.
Wir sind belehrt worden, ihr seid belehrt worden, sie sind belehrt worden.
Ich werde belehrt werden, du wirst belehrt werden, er wird belehrt werden.
Wir werden belehrt werden, ihr werdet belehrt werden, sie werden belehrt werden.

Ich werde von meinen Eltern ernährt; du wirst von deinen Eltern ernährt; er wird von seinen Eltern ernährt. Sie (die Fliege) wird von der Spinne gefangen. Es (das Pferd) wird von dem Schmied beschlagen. Wir werden von der Sonne beschienen. Ihr werdet vom Staub bedeckt. Sie (die unartigen Kinder) werden bestraft.

45.

Glückwünschen, lobsingen, preisgeben, haushalten, rathschlagen, danksagen, hochachten, schwerfallen, großthun, ausgehen, beitragen, aufmachen, nachjagen, durchreisen, umschlagen, anwenden, aufsuchen, vorziehen, stattfinden, vorlesen, zuschließen, abschrecken, wohlwollen, lossprechen, fortsetzen, herkommen, hineilen, wegstellen, heimkehren, handhaben, durchlaufen, frohlocken, langweilen, weissagen, widerrufen, frühstücken, umgeben, überlegen, wiederholen, lustwandeln, widersetzen. (Glückwünschen — ich wünsche meinen Eltern Glück.)

Arbeiten — ruhen, verlieren — gewinnen, sammeln — zerstreuen, lieben — h., stehen — l., schlafen —, kommen —, kaufen —, sprechen —, erhitzen —, weinen —, binden —, nützen —, geben —, säen —, reinigen —, vermehren —, öffnen —, stärken —, sparen —, grünen —, finden —.

Was Jemand thun und leiden kann,
Das deutet dir das Zeitwort an;
Es sagt genau dir jede Zeit:
Gegenwart, Zukunft und Vergangenheit.

46. Das neue Kleid.

„Zieh mir mein neues, weißes Kleidchen an, Mutter; ja das neue Kleidchen mußt du mir anziehen!" bittet die kleine Amalie ihre Mutter

„Es geht nicht," sagt die Mutter. Du machst das Kleid schmutzig, oder zerreißest es wohl gar; solche Kleider hebt man auf, und schont sie, damit man desto ordentlicher gehen kann, wo es nöthig ist. Wenn du das Kleid beschmutzt hast, so kann ich dich ja nirgends mit hinnehmen, bis es wieder gewaschen ist!"

Die Kleine hört nicht auf zu bitten. Sie verspricht sich in Acht zu nehmen; es soll nichts an dem Kleide beschmutzt werden; kein Fleckchen soll hineinkommen. „Glaube mir nur, Mutter," spricht sie; „du sollst es sehen!"

„Ich will es denn sehen," antwortet die Mutter, und zieht ihr das neue Kleidchen an.

Ein paar Stunden nimmt sich Amalie in Acht. Aber dann vergißt sie das Kleid, welches sie an hat, mit ihrem Versprechen zugleich. Sie spielt, was ihr gefällt; sie geht, wohin sie Lust hat, ohne das Kleid zu schonen. Am Abend ist das Kleid beschmutzt; der Rand ist ringsum erdgrau, und überall sind schwarze und rothe und gelbe Flecken darauf.

Das Kleid ward ausgezogen — Amalie denkt nicht daran, daß es Flecken hat; — die Mutter sagt nichts.

Nach einigen Tagen bekommt die Mutter eine Einladung von einer Freundin — sie soll Amalie mitbringen. Amalie freut sich — Amalie hüpft und tanzt vor Freuden.

Das neue Kleid wird geholt; die Mutter besieht es. „Soll ich dich wirklich," fragte sie, „in diesem Kleide mitnehmen? Da sieh! Hier Kirsch-Flecken, dort Flecken von Butterbrod, — da den Schmutz von unreinen Fingern, und hier der Rand! soll ich dich wirklich so mitnehmen?" —

Amalie schlägt die Augen nieder; Amalie bittet. — Aber in diesem Kleide sie mitzunehmen, war doch unmöglich, und ein anderes war zum Unglücke nicht gewaschen.

Amalie muß zu Hause bleiben. Mit all ihren Thränen, und mit allen Klagen konnte nichts geändert werden. — Die Flecken blieben im Kleide, und der Nachmittag, an welchem sie allein war, wollte kein Ende nehmen!

47.

Nußbaum, Oelberg, Handwerk, Schulhaus, Fuhrmann, Bergmann, Schulkind, Gastwirth, Hausknecht, Hausthier, Jagdhund, Feldmaus, Stockfisch, Oelbaum, Dampfschiff, Grabmal, Armband, Baumfrucht, Bergöl, Schneeball, Windhund, Hausflur, Bleistift, Eismeer, Oelkrug, Kornhalm, Rheinstrom, Baumast, Mehlwurm, Geldsack, Schiffbruch, Seeschiff, Schiffmann, Obstkern, Halsband,

Jahrmarkt, Christbaum, Hirschkuh, Buchfink, Fettgans, Strohdach, Fischbein, Endzweck.

Weißbrod, Süßholz, Grünspan, Grünspecht, Buntspecht, Hochwald, Weißkohl, Weißmehl, Gelbsucht, Blaustein, Schwarzwald, Blauholz, Großmuth, Kleinmuth, Hochmuth, Schönschrift, Blauspecht, Neumond, Jähzorn, Arglist.

Schreibpult, Zugpferd, Reitpferd, Tanzsaal, Laufbahn, Reitbahn, Spielball, Fahrzeug, Rennthier, Fühlhorn, Drehbank, Setzholz, Streusand, Trinkspruch.

Aufgang, Aussicht, Anfang, Ausgang, Beispiel, Inhalt, Umschrift, Vorschrift, Nachruf, Nachsicht, Vorsicht, Nachtheil, Zusatz, Zudrang; Einhorn, Zweispitz, Dreikorn, Viereck, Vielfraß, Vieleck; Fernrohr, Frühstück.

48. Der unglückliche Wurf.

Otto und Eduard sind zusammen im Garten. Eduard ging im Garten umher; Otto wirft mit Steinen nach einem dürren Baum, und trifft ihn nicht.

„Laß jetzt das Werfen, lieber Otto," bittet sein Bruder, „du könntest leicht mich treffen; du wirfst immer fehl!"

„Ei," antwortet der Bruder, „ich werde ja dich nicht treffen; ich werde mich schon in Acht nehmen!"

Otto sammelte sich einen ganzen Haufen von Steinen, und wirft nach dem Baum, und wird immer eifriger im Werfen, je weniger er den Baum trifft. — Eduard bittet auf's Neue, aber vergebens.

„Wenn ich nur erst sechsmal werde den Baum getroffen haben, dann will ich aufhören," antwortet Otto.

„Das ist ein gefährliches Spiel für mich, denkt Eduard, und will an einen Platz gehen, wo er ganz gewiß vor den Fehlwürfen des Bruders sicher ist.

Indem er dahin gehen will, fliegt aus Otto's Hand ein stark geworfener Stein. Der Stein trifft einen andern Baum, in dessen Nähe Eduard war, prallt von dem Baume ab, und schlägt an Eduards Schläfe.

„Ach Otto!" schreit Eduard, taumelt, und sinkt leblos auf den Rasen hin.

Otto eilt zu ihm hin mit Todesangst. Eduards Schläfe blutet, sein Gesicht ist bleich, und keine Spur von Leben an ihm.

Otto erstarrt; seine Hände zittern, seine Kniee wollen einbrechen, und er kann sich kaum auf seinen Füßen erhalten. „Ach Gott," stammelt er, „ach Gott! Eduard wach auf!"

Der unglückliche Otto rüttelt den Bruder mit seinen zitternden Händen; er will den Kopf des Bruders aufheben, aber der Kopf sinkt wieder nieder; er bemüht sich das Blut zu stillen, — aber umsonst.

„Er ist todt! Eduard ist todt!" stottert Otto! und will entfliehen; aber er kann nicht von der Stelle.

Jetzt aber erholt sich Eduard; er fängt wieder an zu athmen, er schlägt nach einigen Augenblicken die Augen wieder auf, sieht sich befremdet um, und scheint sich zu besinnen.

„Gottlob, du lebst! — du lebst wieder!" ruft Otto, und drückt den Bruder an seine Brust! — Eduard erholt sich jetzt immer mehr, und kommt völlig wieder zu sich.

„Ach Eduard," sagt jetzt Otto, „kannst du mir wieder gut sein?" — „Ich bin dir immer gut," antwortete Eduard, „du thatst es ja nicht gern."

Otto war einige Augenblicke sehr glücklich, Eduard lebte wieder, Eduard hatte ihn noch lieb. Aber nun dachte er an die Eltern, und auf's Neue überfiel ihn eine entsetzliche Angst.

Die Kinder thaten alles, um das Blut zu stillen, das noch immer in großen Tropfen aus der Wunde herabfiel, aber es war vergebens.

Auch die Blutflecken aus Eduards Kleidern lassen sich nicht auswischen.

Sie zaudern einige Minuten, und wieder einige, und dann noch einige; aber endlich müssen sie doch zu den Eltern, und Otto weiß vor Angst nicht, was er sagen soll.

„Klage du dich nur nicht selbst an!" — spricht Eduard, „und laß mich nur sprechen!"

Die Kinder treten ein bei den Eltern. Eduard sehr matt, Otto zitternd an allen Gliedern.

„Was ist vorgegangen?" rufen die erschrockenen Eltern; „woher die Wunde?"

„Ich bin nicht Schuld daran!" sagte Eduard; „aber frage mich nicht, Vater, woher ich sie habe!"

Vater und Mutter wollen es dennoch wissen, aber Eduard bittet sie dringend, daß sie nicht darauf bestehen möchten, bis sie es eingehen.

Jetzt sehen die Eltern Otto an — der Knabe ist einer Ohnmacht nahe. Der Schrecken, die Freude und die Angst hatten ihn so sehr ergriffen.

Die Eltern kommen ihm zu Hilfe! „Mein Gott! was ist vorgegangen mit euch?" spricht der Vater. „Sag du es uns, lieber Otto," setzt bittend die Mutter hinzu.

„Ach Mutter," antwortet Otto, „dann wirst du mich nicht mehr lieben! — „Ich habe Eduard geworfen!"

Otto erzählt die ganze Geschichte; die Eltern verzeihen ihm, und danken Gott, daß die Wunde nicht gefährlicher ist.

Beide Kinder waren einige Tage krank, und Otto noch mehr als Eduard; aber von diesem Tage an hatten sich die Kinder fast noch lieber, als vorher, und Otto folgte sogleich, wenn Eduard warnte.

49.

Augenstern, Bienenstock, Haselnuß, Federkiel, Tintenfaß, Vaterstadt, Vaterland, Mutterherz, Mutterhaus, Apfelbaum, Traubensaft, Menschenfurcht, Sonnenschein, Wasserkrug, Traubenhaus, Eidergans, Wiesenklee, Blumentopf, Rosenstock, Christenpflicht, Heldenthat, Himmelreich, Gotteshaus, Kinderspiel, Königsthron, Gebirgspaß.—Bitterklee, Bittersalz, Edelstein, Edelmann, Schwarzköpfchen, Rothkehlchen, Rothschwänzchen, Schwarzkünstler, Heißhunger, Altgesell, Sauerkraut. — Widerspruch, Gegenwart, Hinterbau, Uebersicht, Ueberschrift, Ueberfahrt, Zwischendeck.—Tausendfuß, Einbeere, Einhufer, Vielhufer. — Goldadler, Buchbinder, Goldmünze, Feldlerche, Waldlerche, Schneeeule, Schildkröte, Eisvogel, Meerschwalbe, Zaunkönig, Hirschkäfer, Rauchschwalbe, Goldhähnchen, Nachtschatten, Baumwolle, Erdbeere, Weinbeere. — Springhase, Springkäfer, Trinkwasser, Schreiblehrer, Zeichenheft, Gesangbuch.

50. Der Großvater und sein Enkel.

Es war einmal ein alter Mann, der konnte kaum gehen, seine Kniee zitterten, er hörte und sah nicht viel und hatte auch keine Zähne mehr. Wenn er nun bei Tische saß und den Löffel kaum halten konnte, schüttete er Suppe auf das Tischtuch, und es floß ihm auch wohl Etwas wieder aus dem Munde. Sein Sohn und dessen Frau ekelten sich davor, deswegen mußte sich der alte Großvater endlich hinter den Ofen in die Ecke setzen, und sie gaben ihm sein Essen in ein irdenes Schüsselchen und noch dazu nicht einmal satt. Da sah er betrübt nach dem Tische, und die Augen wurden ihm naß. Ein Mal auch konnten seine zitternden Hände das Schüsselchen nicht festhalten, es fiel zur Erde und zerbrach. Die junge Frau schalt, er aber sagte Nichts, sondern seufzte nur. Da kaufte sie ihm ein hölzernes Schüsselchen für ein paar Heller, daraus mußte er nun essen. Wie sie nun da sitzen, trägt der kleine Enkel von vier Jahren auf der Erde kleine Brettlein zusammen. „Was machst du da?" fragte der Vater. „Ei," antwortete das Kind, „ich mache ein Tröglein, daraus sollen Vater und Mutter essen, wenn ich groß bin." Da sahen sich Mann und Frau eine Weile an, fingen endlich an zu weinen, holten alsofort den alten Großvater an den Tisch und ließen ihn von nun an immer mitessen; sagten auch Nichts, wenn er ein wenig verschüttete

Wer das Alter nicht ehrt, ist des Alters nicht werth.

51.

Adlerflügel, Geistesgabe, Landesvater, Königskrone, Landessitte, Pfeffervogel, Bäckermeister, Moselufer, Weizenähre, Wiesenblume, Wasserkäfer, Riesenschlange, Löwenmähne, Tigerkralle, Ziegenklaue, Federmesser, Scheiterhaufen, Hühnerauge, Augenwimper, Wolkensäule, Knabenschule, Wassermühle, Lebensmittel, Grabesstille, Vogelgesang, Abendgebet. — Edelknabe, Edelfalke, Sauerampfer, Sauerwasser, Bitterwasser.—Scheidemünze, Scheidewasser, Reisetasche, Wendeltreppe. — Nebenzimmer, Zubereitung, Nebensache, Gegenwirkung, Ueberzeugung.

Abendmahlzeit, Kornbranntwein, Fliederblumenthee, Rindfleischsuppe, Wasserbaumeister, Bierbrauergesell, Rathhausthüre, Kirchhofmauer, Schnupftabaksdose, Sonntagsfeier, Erdbeerstrauch, Brodfruchtbaum.

Haustauben, Taubenhaus, Vaterland, Landesvater,—Bierkrug, Oelberg, Oelbaum, Salzquelle, Schulkind, Schulknabe, Weinflasche, Steinpflaster, Rübsamen, Gesangschule, Ballspiel, Spielkarten, Lehnstuhl, Vogelhaus, Wasserbrunnen, Fensterglas, Trankapfel, Kräuterthee, Blumentopf, Schloßgarten, Blumengarten, Feldblumen, Saatkorn, Zuchtvieh, Salzmeer, Baumstamm, Kernobst, Gartenbaum, Baumnuß, Messerschneide, Ziegelmauer, Steinbruch, Hutfilz, Dachschiefer, Federbett.

52. Räthsel.

Ich bin eine Blume, wie Purpur so roth,
Doch bin ich auch giftig und bringe den Tod;
Bin ich von Silber, Stahl oder Bein,
So kann ich wohl nicht mehr gefährlich sein.
Dann dien' ich zur Arbeit und gegen den Stich
Des kleinsten der Spieße beschütze ich dich.

Lies mich von hinten oder vorn,
Ich klinge einerlei;
Durch meine langen Zähne wird
Das Feld von Unkraut frei.
Und so viel ist gewißlich wahr:
Der Bauer braucht mich jedes Jahr.

53.

Hellblau, schwarzbraun, braunroth, taubstumm, dunkelblau, dummstolz, bittersüß, freigebig, hochmüthig, langmüthig, wahrhaftig, gutherzig, offenherzig, eigennützig, niederträchtig; schneeweiß, blutroth, goldgelb, grasgrün, eirund, eiskalt, blutarm, steinhart, fischreich, kohlschwarz, aschgrau, silberweiß, feuerroth, rabenschwarz, kugelrund, geistesschwach, schwefelgelb, schadenfroh, gelbgierig, friedfertig, feindselig, scheinheilig, gottesfürchtig, ehrerbietig, menschenfreundlich, augenblicklich; eßgierig, nennenswerth, widerspenstig, hinterlistig, gegenwärtig; hinfällig, abhold, abergläubig; fruchttragend, friedliebend, stillschweigend, theilnehmend, ausschweifend, himmelschreiend; einäugig, zweistimmig, mehrfach, vielfältig.

    Sieh jedes Ding dir deutlich an,
    Und merke, wo man fragen kann;
    „Wie ist ein Ding, wie sieht es aus?
    Kommt eine Eigenschaft heraus?"

54.

a	b	c	d	e	f	g	h	i	j	k	l	m
a	b	c	d	e	f	g	h	i	j	k	l	m
n	o	p	q	r	s	t	u	v	w	x	y	z.
n	o	p	q	r	s	t	u	v	w	x	y	z.

ä   ö   ü;   ch   sch   ß.
ae   oe   ue;   ch   sch   ss.

---

ab, an, um, in, so, wo, da, du, ja, zu, er, ich, ach, ein, auch, bei, neu, wer, was, der, die, das, her, hin, von, fuer, baar, heiss, lau, laut, gut, weil, weit, reich, mich, dich, mir, nach, doch, noch, rasch, fix, neun, rauh, roth, sehr, paar, leer, hier, vier, muss, schaff, nass, dich, dumm, wann, denn, statt, hell, arm, rund, kalt, wild, zart, durch, dort, fuenf, acht, gern, ganz, jung, lang, blind, brav, treu, quer, quitt, schon, schoen, zwar, zwei, frisch, schwach, krank, edel, eben, sieben, dieser, jener, euer, ihnen, welcher, bitter, bitten, kommen, nennen, fuellen, missen, muessen, sehen, riechen, ziehen, fahren, schaeumen, stohen, stechen, singen, prangen, pflanzen.

55.

𝔄 𝔅 ℭ 𝔇 𝔈 𝔉 𝔊 ℌ 𝔍 𝔎 𝔏 𝔐 𝔑 𝔒
A B C D E F G H J K L M N O

𝔓 𝔔 𝔕 𝔖 𝔗 𝔘 𝔙 𝔚 𝔛 𝔜 ℨ.
P Q R S T U V W X Y Z.

Adam, Anton, Anna, Adolph, Andreas; Bernhard, Barbara, Barnabas; Conrad, Clara, Cyrus, Christian; David, Daniel, Donatus, Dorothea; Eduard, Eva, Ernst, Emil, Elisabeth, Edmund; Franz, Franziska, Friedrich, Ferdinand; Georg, Gertrud, Gerhard, Gottlob; Hubert, Helena, Heinrich, Hugo; Jakob, Johannes, Joseph, Julius; Karl, Kaspar, Katharina, Kornelius; Ludwig, Lucia, Leopold; Moses, Maria, Martha, Moritz, Matthias; Nikolaus, Nathanael, Nepomuk; Otto, Oswald, Peter, Paulus, Philipp, Rudolph, Richard, Rosa, Raphael; Simon, Sara, Sophia, Susanna, Samuel; Titus, Theresia, Theodor, Urban, Ursula; Victor, Vincenz, Veronica, Valentin; Wilhelm, Wilhelmine; Xaver, Xerxes; Zacharias, Zachaeus.

56. Das Rebhuehnernest.

Auf einem Kornacker, nahe am Walde, fanden zwei Knaben das Nest eines Rebhuhns, und es gelang ihnen, die Henne, die auf den Eiern sass, zu fangen.

„Du," sagte der Groessere, nimm du die Eier, ich will die Henne behalten. Die Eier sind so viel werth, als die Henne. „Wenn das ist," sagte der Kleinere, „so gib mir die Henne, und behalte du die Eier."

Sie fingen nun an mit einander zu zanken, und geriethen sich in die Haare. Waehrend des Raufens entkam dem Groessern die Henne, und der Kleinere zertrat unversehens die Eier. Nun hatten sie Beide gar Nichts und sagten zu einander: „Der Vater hat Recht:

> Viel besser ist's, sich mit dem Ei begnuegen,
> Als um die Henne sich in Haaren liegen."

57. Hymne.

Kommt, laßt uns Gott preisen, denn er ist sehr groß; laßt uns Gott lobsingen, denn er ist sehr gut.

Er hat alle Dinge geschaffen, die Sonne, daß sie den Tag regiere; den Mond, daß er bei Nacht scheine.

Er schuf den großen Wallfisch und den Elephanten, und das Würmchen, das auf der Erde kriecht.

Die Vöglein singen Preis dem Herrn, wenn sie fröhlich im grünen Laube zwitschern.

Die Bäche und Flüsse loben den Herrn, wenn sie melodisch dahin rauschen über die glatten Kiesel.

Ich will Gott mit meiner Stimme preisen, denn ich kann ihn preisen, obschon ich ein kleines Kind nur bin.

Noch vor wenig Jahren konnt' ich nicht singen und nicht beten, und meine Zunge vermochte noch nicht zu reden.

Und ich kannte noch nicht den großen Namen Gottes, denn die Vernunft war mir noch nicht aufgegangen.

Nun aber kann ich reden, und meine Zunge soll ihn preisen; ich kann an seine Güte denken, und mein Herz soll ihn lieben.

Wenn er mich ruft, so will ich eilen zu ihm hin, wenn er gebietet, so will ich ihm gehorchen.

Wenn ich erst älter werde, will ich ihn besser preisen, und nie will ich Gottes vergessen, so lange Leben in mir ist.

58. Der Strick.

Zwei Knaben, Veit und Klaus, fanden auf der Landstrasse einen alten Strick, und stritten und zankten sich darum, dass Berg und Thal wiederhallten. Veit hielt den Strick an dem einen Ende, Klaus zog an dem andern Ende, und einer suchte ihn dem andern mit Gewalt aus den Haenden zu reissen. Auf einmal riss der Strick entzwei, und beide Knaben fielen jaemmerlich in den Koth.

Ein Mann, der dazu gekommen war, sagte: „So geht's den Streitsuechtigen! Ueber ein kleines schlechtes Ding fangen sie grossen Laerm und Zank an, und was haben am Ende beide Theile gewonnen? Nichts, als dass sie sich mit Spott und Schard bedecken, wie ihr beide jetzt mit Koth beschmutzt seid."

Sei friedsam, denn es nimmt der Streit
Ein Ende, das dich nicht erfreut.

59. Einige Fragen an Kinder.

1. Wenn du deinen guten Eltern nicht folgſt, ihre Ermah= nungen nicht beachteſt, was meinſt du, was wird einmal dein Lohn ſein? Wohin wirſt du dann wohl kommen? In den Himmel? — Irre dich nicht! Der liebe Gott hat geſagt: „Du ſollſt Vater und Mutter ehren."

2. Wenn du in der Schule biſt, ſollſt du dann lachen, ſchwätzen, unruhig und unaufmerkſam ſein? Kannſt du dabei etwas lernen? Darfſt du den Lehrer kränken und ärgern und deine Mitſchüler ſtören? Wenn du in der Schule nichts lernſt, kann dann einſt etwas Tüchtiges aus dir werden?

3. Wenn du ſchlechte und wüſte Reden hörſt, darfſt du dar= über lachen? Darfſt du ſolche Reden anhören und auch in deinen Mund nehmen? Weißt du, wie es heißt: Ihr müßt Rechenſchaft ablegen von jedem unnützen Worte, das ihr geredet habt.

4. Haben die Menſchen recht und thun ſie wohl daran, wenn ſie über deine leichtſinnigen, muthwilligen oder gar böswilligen Streiche lachen? Freut ſich etwa der liebe Gott auch über dich? — Je mehr unverſtändige Leute über dich lachen, deſto mehr mußt du dich hüten, die Streiche oder Reden zu wiederholen, über die ſie lachten.

5. Wenn Andere dich loben, ſollſt du dir darauf Etwas ein= bilden? Freuen magſt du dich darüber in deinem Herzen, doch zu= gleich dir vornehmen: ich will es künftig noch beſſer machen.

6. Wenn dich ein Kamerad ſchimpft oder ſchlägt, ſollſt du dann wieder ſchimpfen und ſchlagen? Hat unſer Heiland auch wieder geſcholten, als er geſcholten ward, und ſchlug er wieder, da man ihn geſchlagen?

7. Wenn du etwas Böſes gethan haſt, darfſt du dann deine That verhehlen? Darfſt du mit Lügen deine Fehler bedecken? Oder iſt es recht, wenn du die Schuld gar auf Andere ſchiebeſt? Weißt

du, wer dich sieht, wenn auch keines Menschen Auge dich sieht? Vergiß es nie: Einer kennt deine Schuld, und wird sie strenge bestrafen. Drum lüge nie, sondern bekenne deine Fehler und mache es in Zukunft besser.

60. Die fuenf Sinne des Menschen.

1. Das Sehen.

Wie gut ist's, dass ich sehen kann!
So gut hat's nicht der blinde Mann!
Er starrt ins helle Tageslicht
Und sieht der Dinge Farben nicht;
Er kennet Niemand von Gestalt,
Sein Augenlicht ist todt und kalt.
Ach, lieber Gott, wie dank' ich dir!
Gesunde Augen gabst du mir.

2. Das Hoeren.

Tausendfache Toene schweben
Durch die Luft zu meinem Ohr;
Um mich her schallt Freud' und Leben
Aus der Thiere Mund hervor.
Froehlich hoer' ich Voegel singen,
Hoer' Gesang und Rede an,
Hoere Floet' und Saiten klingen,
Freu' mich, dass ich hoeren kann.
Traurig sitzt, wer nicht kann hoeren,
Wenn man noch so deutlich spricht;
Ach, er weint, muss viel entbehren!
Nein, des Tauben spott' ich nicht.

3. Das Schmecken.

Gott, du hast zu unserm Leben
Speis' und Trank, so viel gegeben,
Gibst, was stets uns staerkt und naehrt
Und uns Wohlgeschmack gewaehrt.
Dankbar wollen wir nur essen,
Vater, deiner nie vergessen,
Deiner Guet' uns stets erfreu'n,
Maessig im Genusse sein.

4. Das Riechen.

Im Sommer, unter'm Lindenbaum,
Ist rings umher der ganze Raum
Erfuellt vom Duft der Bluethe;
Den zieh' ich froh in mich hinein
Und denke: dass ich mich kann freu'n,
Dies, Gott, schafft deine Guete.

5. Das Fuehlen.

Was waer' ich, wenn ich gar nichts fuehlte?
Kein Mensch, kein Thier—ein blosser Stein;
Und wenn man mich ins Feuer hielte,
Wuerd' ich nicht fuehlen und nicht schrei'n.
Und wuest' ich nichts von eignen Schmerzen,
So fuehlt' ich auch nicht Andrer Noth;
Mich ruehrten nicht im kalten Herzen
Des Bruders Klagen oder Tod.
Jetzt sagt mein Herz bei jedem Kranken:
„Wie schmerzt es ihn, den kranken Mann!"
Jetzt kann ich Gott von Herzen danken,
Dass ich auch Mitleid fuehlen kann.

Buck'lig, taub, stumm oder blind:
Darf ich wohl darueber lachen?
Oder die noch schamroth machen,
Die nicht gut gewachsen sind?
Nein, verehren will ich den,
Der mir gab gesunde Glieder,
Und auf meine kranken Brueder
Allezeit mit Mitleid seh'n.

61.

Haus; häuslich, hausen, verhausen, Hausvater, Hausmutter, Hausmagd, Hausknecht, Vaterhaus, Waisenhaus, Armenhaus, Bienenhaus, Taubenhaus, Gartenhaus, Behausung, Gehäuse, Häuslichkeit.

Schreiben; schriftlich, Schrift, Abschrift, Vorschrift, Unterschrift, Ueberschrift, Urschrift, beschreiben, Beschreibung, verschreiben, Verschreibung, zuschreiben,

anschreiben, Schreiber, Schreiberei, Schreibzeug, Schreib=
heft, Schreibstube, Schriftzeichen, Schriftgießer, Schrift=
gießerei.

Groß; vergrößern, Vergrößerung, Größe, Groß=
vater, riesengroß, Großsprecher, Großsprecherei, Groß=
fürst.

(Gott, Mensch, Kind, Land, Wasser; — gehen, arbeiten, trinken, denken, lügen; — weiß, schön, alt, krumm, warm.)

62. Der Gewerbestand.

Dasjenige, womit ein Mensch sich beschäftigt, und wodurch er sich nährt, nennt man Gewerbe. Ackerbau, Gartenbau, Vieh=
zucht und Handel sind Gewerbe. Auch die verschiedenen Hand=
werke und Künste gehören zu den Gewerben. Leute, welche für die Nahrung des Menschen arbeiten, sind: Der Müller, der Bäcker, der Metzger, der Fischer, der Bierbrauer und der Branntwein=
brenner. — Der Müller mahlt das Getreide zu Mehl auf der Mühle. Die Mühlen werden entweder von Wind getrieben und heißen Windmühlen, oder von Wasser, und heißen dann Wasser=
mühlen. Der Bäcker bereitet aus Mehl das so gesunde, nahrhafte Brot. Er beutelt das Mehl erst mit dem Siebe, schüttet es in den Backtrog, knetet daraus einen Teig, welcher zu Wecken und an=
derm schwarzen und weißen Brote geformt und im Backofen ge=
backen wird. Außer Mehl braucht der Bäcker noch Sauerteig, Hefen, Salz, Milch, Wasser ꝛc. — Der Metzger kauft fette Ochsen, Rinder, Schafe, Schweine ꝛc. von den Bauern, schlachtet sie und verkauft das Fleisch. Aus dem Blute, der Leber ꝛc. werden Würste gemacht. Der Speck, die Schinken und andere Theile vom Schweine werden eingesalzen und geräuchert, damit sie sich desto länger halten. — Der Fischer versorgt uns mit Fischen, die er mit der Angel oder dem Netze in Teichen, Flüssen und Seen fängt. Die Fische werden entweder frisch, eingesalzen oder geräuchert ge=
nossen. — Der Bierbrauer brauet aus Wasser, Gerste und Hopfen das Bier. Der Branntweinbrenner bereitet aus Korn, Kartoffeln und andern Früchten den Branntwein.

Für die Wohnung des Menschen arbeiten der Zimmermann, der Schreiner, der Ziegelbrenner, der Maurer, der Schlosser, der Glaser u. s. w. Der Zimmermann behaut das Bauholz mit der Art, zerschneidet es mit der Säge, behobelt es und richtet dann verschiedene Gebäude auf. Er macht den Dachstuhl und das Fach=
werk. Der Schreiner verfertigt feinere Arbeiten als der Zimmer=

mann, z. B. Thüren, Treppen. Einige Schreiner verfertigen vorzüglich Möbel, als: Tische, Stühle, Kommoden ꝛc. und heißen Möbelschreiner. Der Ziegelbrenner formt aus weichem Lehm die Dachziegel und Back= oder Ziegelsteine, läßt sie an der Luft trocknen, und brennt sie dann im Ziegelofen, wo sie so hart werden wie Steine. Der Maurer legt die Steine (Bruch= oder Ziegelsteine) auf einander, und verbindet sie durch Mörtel. Er mauert die Wände zu allerlei Gebäuden, ferner Brücken, Thürme. Der Schlosser versieht die Thüren mit Schlössern, Thürangeln, Riegeln, macht Beschläge an Fenstern, Schränken ꝛc.

Womit beschäftigt sich der Glaser?

Für Kleidung und andere Bedürfnisse des Menschen arbeiten: Der Schneider oder Kleidermacher verarbeitet verschiedene Zeuge und Tücher zu Kleidungsstücken. Er verfertigt Röcke, Westen, Beinkleider, Mäntel, Jacken, Kittel ꝛc. Der Schuster versieht uns mit Schuhen, Stiefeln, Pantoffeln, wozu er Leder, Tuch, Band und Nägel gebraucht. Der Gerber liefert dem Schuster Leder, welches er aus Häuten der Ochsen, Kühe, Rinder, Kälber und den Fellen der Schafe, Ziegen, Hirsche, Rehe gerbt. Der Kürschner macht aus den Fellen der Schafe, Füchse, Marder und dergleichen Thiere allerlei Pelzwerke, Handschuhe ꝛc. Der Leinweber webt aus Garn, das von fleißigen Mädchen und Frauen aus Flachs, Hanf und Fimmel gesponnen wird, die Leinwand. Wozu gebraucht man die Leinwand? Der Färber färbt Wolle, Garn, Leinwand, Tücher schwarz, blau, grün, roth, gelb, braun, oder wie man es sonst wünscht. Der Hutmacher verfertigt aus Seide, Schafwolle und Thierhaaren allerlei Hüte.

Der Wagner verfertigt aus Holz Wagen, Karren, Kutschen, Pflüge, Eggen und andere Ackergeräthe. Der Schmied schmiedet aus dem glühend gemachten Eisen verschiedene Hacken, Spaten, Schaufeln, Heu= und Dunggabeln, Huf= und Pflugeisen und andere Werkzeuge. Der Nagelschmied schmiedet aus dünnem Stabeisen allerlei Nägel. Der Messerschmied verfertigt Messer, Gabeln, Scheeren ꝛc. Der Kupferschmied macht aus Kupfer Pfannen, Kessel, Töpfe und andere Küchengeschirre. Der Drechsler dreht aus Holz, Metall, Horn auf der Drehbank Kegel, Kugeln, Spinnräder, Haspel. Der Faßbinder verfertigt allerlei hölzerne Gefäße, welche aus Dauben zusammengesetzt sind, und mit Reifen auswendig befestigt werden, als: Tonnen, Fässer, Eimer, Wasserkübel. Der Sattler verfertigt aus Leder verschiedene Geräthschaften, Pferdegeschirre, Peitschen, Sättel, Jägertaschen, Felleisen. Er polstert auch Stühle, Kanape u. dgl. und macht Matratzen. Der Seiler dreht aus Flachs und Hanf Schnüre,

Stricke, Seile, Gurte ꝛc. Wozu braucht man Seile? Der Oelmüller bereitet auf der Oelmühle aus Hanf=, Lein= und Rapssamen verschiedene Arten von Oel, das theils zum Brennen, theils zum Einölen der Uhren, Thüren, so wie auch als Speiseöl gebraucht wird.

Der Uhrmacher ist ein Künstler. Er setzt das Räderwerk der Uhren zusammen und legt es auseinander; er putzt die Uhr und bessert sie aus, wenn das nöthig geworden ist. Der Maler, Bildhauer und Orgelbauer sind auch Künstler.

Die Kaufleute treiben Handel mit allerlei Waaren, die sie zum Theil aus fremden Ländern kommen lassen. Einige Kaufleute verkaufen nur im Großen, andere haben einen Laden, worin Jeder so viel holen kann, als er braucht. Die Krämer haben kleine unbedeutende Läden.

Der Fabrikant hat viele Arbeiter in seinem Dienste. Die große Werkstätte des Fabrikanten heißt Fabrik. Tuch=, Seidenzeuge, Kattun, Nadeln, Messer und hundert andere Sachen werden in Fabriken verfertigt.

In den Städten sind auch Apotheker und viele Gastwirthe. Womit beschäftigen sich diese Leute?

Jeden Stand muß man ehren; denn jeder ist, wie wir gesehen haben, dem menschlichen Wohle nützlich, ja sogar nothwendig. Sollte ein Kind einen Menschen seines Standes wegen verachten oder gar verspotten können, so ist es wahrlich ein sehr unverständiges und leichtsinniges Kind. Die Kinder sollen vielmehr gegen jeden Ortsbewohner freundlich und dienstfertig sein.

63. Vier Brüder.

Vier Brüder gehn Jahr aus Jahr ein
Im ganzen Land spazieren;
Doch jeder kommt für sich allein,
Uns Gaben zuzuführen.

Der erste kommt mit leichtem Sinn,
In reines Blau gehüllet;
Streut Knospen, Blätter, Blüthen hin,
Die er mit Düften füllet.

Der zweite tritt schon ernster auf,
Mit Sonnenschein und Regen,
Streut Blumen aus in seinem Lauf,
Der Ernte reichen Segen.

Der dritte naht mit Ueberfluß
Und füllet Küch' und Scheune,
Bringt uns zum süßesten Genuß
Viel Aepfel, Nüss' und Weine.

Verdrießlich braust der vierte her,
In Nacht und Graus gehüllet;
Sieht Feld und Wald und Wiesen leer,
Die er mit Schnee erfüllet.

Wer sagt mir, wer die Brüder sind,
Die so einander jagen?
Leicht räth sie wohl ein jedes Kind,
Drum brauch ich's nicht zu sagen.

64. Die Zeit.

Zaehle die Schlaege deines Pulses; ein jeder waehrt eine **Sekunde**. 60 Secunden bilden eine **Minute** und 60 Minuten eine **Stunde**. 24 Stunden machen einen **Tag**. Doch redet man von Arbeit und Geschaeft, so hat der Tag nur 12 Stunden, es ist der **Arbeitstag**, **Morgen**, **Mittag**, **Abend**, **Vormittag**, **Nachmittag** und **Mitternacht** sind Theile des Tages. 7 Tage bilden eine **gewoehnliche**, sechs Tage eine **Arbeitswoche**. Denn nur sechs Tage soll man arbeiten, der siebente aber soll Gott dem Herrn geheiligt sein.

Gott im Himmel hat gesprochen:
„Sieben Tag' sind in der Wochen;
Sechs davon will ich euch geben,
Schaffet da, was Noth zum Leben,
Doch der Sonntag bleibe mein

Da will ich euch unterweisen,
Mir zu dienen, mich zu preisen,
Gut und fromm vor mir zu sein.
Liebes Kind, vergiss es nicht,
Was der Herr vom Sonntag spricht!"

Die Namen der Tage sind: **Sonntag**, **Montag**, **Dienstag**, **Mittwoch**, **Donnerstag**, **Freitag**, **Samstag** (Sonnabend). 52 Wochen sind ein **Jahr**. Rechnet man es nach Tagen, so zaehlt es deren 365. Alle vier Jahre ist ein **Schaltjahr**, und das hat 366 Tage. Ferner theilt man das Jahr in vier **Jahreszeiten** ein: **Fruehling**, **Sommer**, **Herbst**, **Winter**. Jede Jah-

reszeit hat 3 Monate; das macht aufs Jahr 12. Sie heissen
1. J a n u a r (Hartmonat) mit 31; 2. F e b r u a r (Hornung)
mit 28 oder 29; 3. M a e r z (Fruehlings- oder Lenzmonat)
mit 31; 4. A p r i l (Ostermonat) mit 30; 5. M a i (Bluethe-
und Wonnemonat) mit 31; 6. J u n i (Brachmonat) mit 30·
7. J u l i (Heumonat) mit 31; 8. A u g u s t (Erntemonat)
mit 31; 9. S e p t e m b e r (Herbstmonat) mit 30; 10. O k-
t o b e r (Weinmonat) mit 31; 11. N o v e m b e r (Wind- und
Schneemonat) mit 30; 12. D e c e m b e r (Christmonat) mit
31 Tagen. Mit dem 1. Januar (Neujahrstag) fangen wir
das Jahr an und schliessen es mit dem 31. December (Syl-
vestertag). Vertheilt man die Monate auf die Jahreszeiten,
so kommen Maerz, April, Mai auf den Fruehling; Juni, Juli,
August auf den Sommer; September, Oktober, November
auf den Herbst; December, Januar und Februar auf den
Winter. 10 Jahre nennt man auch ein Dezennium, 100
Jahre ein Saeculum.

> Nie stille steht die Zeit, der Augenblick entschwebt,
> Und den du nicht benutzt, den hast du nicht gelebt.
> Und du auch stehst nie still, der Gleiche bist du nimmer,
> Und wer nicht besser wird, ist schon geworden schlimmer
> Wer einen Tag der Welt nicht nutzt, hat ihr geschadet,
> Weil er versaeumt, wozu ihn Gott mit Kraft begnadet.
>
> (R u e ck ert.)

Morgen.

Der Tag grauet; es wird immer lichter; die Gegenstaende
treten aus dem Dunkel hervor und werden wieder sichtbar. Am
oestlichen Himmel entsteht eine Roethe und verkuendigt den Aufgang der Sonne. Die Sterne und der Mond erbleichen vor den
Strahlen der Sonne. Alles wird von ihr ueberstrahlet und tritt
in das Dunkel zurueck. Schon flammen die Berge; schon stehen
erleuchtet die Saeume des Waldes; da verbreitet sich endlich das
Sonnenlicht ueber das Thal. Des Morgens verlassen die Menschen das Bett und gehen neugestaerkt an ihre Arbeit. Der
Handwerker besteigt seine Werkstaette; der Bauer tritt in die
Flur. Die Voegel verlassen ihre Nester und huepfen von Zweig
zu Zweig, Gott ein Danklied zu singen. Auch gute Menschen
danken dem Schoepfer fuer den neuen Morgen und beginnen ihr
Tagewerk mit Gebet.

Nach stiller Nacht sind wir erwacht, seh'n frueh den Morgen wieder; du, der uns schuetzt, uns gibst, was nuetzt, dir toenen unsre Lieder.
In suesser Ruh, Gott, staerkest du von Neuem unsre Kraefte; drum
wollen wir sie ueben hier, gib Segen zum Geschaefte.

Mittag.

Immer hoeher steigt die Sonne, immer senkrechter wirft sie ihre Strahlen auf die Erde und macht heller und waermer rings umher. Endlich ist sie zu ihrem hoechsten Punkte am Himmel gekommen. Es ist die Mitte des Tages, Mittag. Vom Thurme herab schallet die Mittagsglocke ueber Dorf und Feld, und mahnet zu ernstem Gebete. Es entbloesset der Landmann auf Acker und Wiese das Haupt und verrichtet sein Gebet; der fromme Handwerker leget seine Arbeit nieder, und erhebet seinen Geist zu Gott, und die Hausmutter sammelt ihre Kinder um sich und betet mit ihnen zum Geber aller Gaben. Nun ruhet alle Arbeit; der geschaeftige Feldarbeiter sucht sich einen schattigen Ort. Hier rastet er und geniesst sein Mittagsmahl und sammelt neue Kraefte fuer den langen Nachmittag; in den Werkstaetten wird es stille und geraeuschlos, und Meister und Gesellen begeben sich zu Tische. Selbst der Hirte treibt seine Heerde unter schattige Baeume und Buesche, dass sie sich dort lagere und ein Stuendlein Ruhe geniesse. Auch der Jochochs und das Zugpferd werden abgespannt, in den kuehlen Stall gefuehret, damit sie ruhen und sich saettigen und wieder kraeftig werden zu neuer Arbeit.

Gott! lass uns deiner nie vergessen, wenn wir uns deiner Gaben freu'n; lass, wenn wir trinken, wenn wir essen, uns deine Guete Wohlthat sein. Dir sei fuer Speise und fuer Trank, fuer alles Gute Preiss und Dank!

Abend.

Am Abend sinkt die Sonne am Himmel immer tiefer hinab. Schon birgt sie sich hinter den Bergen und Waeldern. Ihre Strahlen werden schwaecher, es wird kuehler. Die Schatten werden laenger und verschwimmen endlich ganz in einander. Am westlichen Himmel bildet sich eine Roethe, und die Sonne schwimmt gleichsam in einem Feuermeere hinab. Der Wanderer eilt seiner Herberge entgegen; die Voegel begeben sich zur Ruhe. Der Hirt treibt seine Heerde nach Hause; leichte Nebel erheben sich im Thale; am Heerde lodert die Flamme, und die Hausfrau bereitet die Abendmahlzeit. Lieblich toenet die Abendglocke vom Thurme und ermahnet die Menschen zum Gebete.

Gloecklein, Abendgloecklein, laeute Frieden, Freude allen Menschen zu. Helle lass dein Lied erschallen und bring' allen eine sanfte Ruh'. Ruhe dem, der sorgt und weint, Ruh' dem Freunde und dem Feind; allen Lieben bringe du Ruh' und auch mir dazu.

Nacht.

In der Nacht ist es auf der Flur einsam und stille; denn Alles eilet mit ihrem Einbruche den Wohnungen entgegen. Aus den Zimmern schimmern durch die Fenster die Lichter hervor. Menschen und Thiere begeben sich zur Ruhe, um sich durch den Sch'af fuer den kuenftigen Tag zu staerken. Tiefe Stille herrschet im Walde, auf der Flur und auf dem Gebirge, und diese Stille wird nur durch den Stundenschlag der Uhr oder durch den Ruf des Waechters unterbrochen. Durch die einsame Stille vernimmt man hie und da das Schreien der Eulen. Ueber unserm Haupte glaenzen die vielen Tausende von Sternen und unter ihnen erblickt man vielleicht den traulichen Mond, der mit seinem sanften Scheine den Wanderer auf seinem einsamen Pfade begleitet. Das Wild geht aus seinen Hoehlen hervor und sucht sich Beute; Raeuber und Diebe benuetzen die Finsterniss der Nacht, um ihr boeses Gewerbe zu treiben.

Muede bin ich, geh' zur Ruhe, schliesse meine Augen zu; Vater, lass die Augen dein ueber meinem Bette sein. — Hab' ich Boeses heut' gethan, sieh es, lieber Gott, nicht an; deine Gnad' und Jesu Blut machen allen Schaden gut. — Vater! hab' mit mir Geduld und vergib mir meine Schuld, wie ich allen auch verzeih', dass ich ganz in Liebe sei. — Alles, was mir ist verwandt, lasse ruh'n in deiner Hand; alle Menschen, gross und klein, sollen dir empfohlen sein. — Kranken Herzen sende Ruh'; nasse Augen schliesse zu; lass den Mond am Himmel stehn, keinen Wand'rer irre geh'n.

65. Affe, Mensch und Wurm.

Ein schöner Aepfel prangt auf einem Baum,
Ein Affe springt vorbei; er sieht ihn kaum,
Als er herab ihn reißt, man hört ihn schrei'n:
    „Der Apfel da ist mein!"

Doch, eh' er bringt ihn an die Lippe,
Spaziert ein Mensch aus dem Gesträuppe;
Der sieht den Affen nach dem Apfel beißen,
Schnell weiß er ihm denselben zu entreißen.
Und laut hört man auch diesen schrei'n:
    „Der Apfel da ist mein!"

Und wie er jetzt vom Affen sehr beneidet,
Den schönen Apfel in zwei Hälften schneidet,
Da sieht er ihn ganz ausgehöhlt von innen,
Ein kleiner Wurm bewegt sich drinnen;
Der lächelt höhnisch: „Schöpfungskönig! Nein,
    Der Apfel da ist mein!"

66. Von der Welt.

Alle Dinge, welche außer Gott vorhanden sind, nennt man mit einem Wort — die Welt.

Die Welt ist groß, sehr groß; denn Alles, was wir auf der Erde und am Himmel sehen, ja viel mehr noch, als man sehen kann, gehört zu Gottes unermeßlicher Welt. Das Land, das wir bewohnen, ist ein kleiner Theil der Erde, und unsere Erde nur ein sehr kleiner Theil der Welt.

Auf dem Erdboden wechseln **Land** und **Wasser** mit einander ab. Rund um unsern Erdball weht die **Luft**.

Der Himmel scheint sich über unserm Haupte zu wölben; darum nennt man ihn auch das **Himmelsgewölbe**.

Das wunderbare Wesen, das die Erde erwärmt, und das macht, daß wir Alles sehen können, heißt die Sonne. Sie scheint ein Feuer zu sein; denn sie leuchtet und erwärmt ja zugleich.

Das **Land** ist starr und fest. Es trägt Alles, auch das Schwerste; auf ihm grünen und blühen die Gewächse, kriechen die Würmer, laufen die Thiere und wohnen die Menschen.

Das **Wasser** bewegt sich und ist flüssig. Es trägt solche Dinge nicht, die bei gleichem Umfang schwerer sind, es trägt weder Steine, noch Stücke Eisen, noch Glas. Es netzt alles Feste und vermischt sich mit vielen andern Flüssigkeiten. In ihm schwimmen die Fische; reines Wasser hat weder Geruch noch Geschmack. Die Farbe des Wassers ist grünlichblau, wenn man es in großen Massen sieht, wie in dem Meere, in den Flüssen. Im Kleinen scheint es farblos, so in Bächen, so das Brunnenwasser.

Die **Luft** durchdringt Alles, kann aber nicht gesehen werden. Sie ist feiner und beweglicher noch, als das Wasser. In ihr athmet alles was Odem hat.

Das **Feuer** ist das feinste und wunderbarste Wesen. Es strahlt Wärme und Licht aus, wie die Sonne. Wohin die Strahlen der Sonne dringen können, da erleuchten und wärmen sie; und in ihrem Lichte und in ihrer Wärme regt und bewegt sich, in ihnen arbeitet, spielt und freut sich Alles auf unserer Erde. Wo die Sonnenwärme uns Menschen zu gering ist, da muß das Feuer sie ersetzen. Das Feuer flammt gelb und roth.

Erde, Wasser, Luft und **Feuer** nannte man sonst die vier Elemente.

Lied. Im Anfang war's auf Erden nur finster, wüst und leer. Und sollt' was sein und werden, mußt' es wo anders her! Alle gute Gabe kam obenher von Gott, vom schönen blauen Himmel herab. — So ist es hergegangen im Anfang, als Gott sprach. Und wie es angefangen, so geht's noch diesen Tag. Alle gute Gabe kommt ꝛc. — Was nah ist und was ferne, von Gott kommt Alles her, der Strohhalm und die Sterne, der Sperling und das Meer. Alle gute Gabe kommt ꝛc. — Von ihm sind Büsch' und Blätter und Korn und Obst von ihm, von ihm mild Frühlingswetter und Schnee und Ungestüm. Alle gute Gabe kommt ꝛc. — Er läßt die Sonn' aufgehen, er stellt des Mondes Lauf, er läßt die Winde wehen, er thut den Himmel auf. Alle gute Gabe kommt ꝛc. — Er schenkt uns so viel Freude, er macht uns frisch und roth, er gibt dem Viehe Weide, uns selber täglich Brot. Alle gute Gabe kommt ꝛc. — Auch Frommsinn und Vertrauen und stiller eb'ler Sinn, im Fleh'n auf ihn zu schauen, kommt Alles uns durch ihn. Alle gute Gabe kommt ꝛc. — Er gehet ungesehen im Hause um und wacht, und rührt, die herzlich flehen, im Schlafe an bei Nacht. Alle gute Gabe kommt ꝛc. — Darum, so woll'n wir loben und loben immerdar den großen Geber droben, der sein wird, ist und war! Alle gute Gabe kommt ꝛc.

67. Raethsel.

Welche Uhr hat keine Raeder?
Welcher Schuh ist nicht von Leder?
Welcher Stock hat keine Zwinge?
Welche Scheere keine Klinge?
Welches Fass hat keinen Reif?
Welches Pferd hat keinen Schweif?

Welches Haeuschen hat kein Dach?
Welche Muehle keinen Bach?
Welcher Hahn hat keinen Kamm?
Welcher Fluss hat keinen Damm?
Welcher Bock hat keine Haut?
Welches Gloecklein keinen Laut?

Bald ist's geviertelt, bald siehst du's ganz.
Bald ist es schwarz, bald hat es Glanz.
Es läuft fortwährend bei Tag und Nacht.
Du hast's gar manchmal angelacht!

In der Luft, da fliegt's, auf der Erde liegt's, auf dem Baume sitzt's, in der Hand, da schwitzt's, auf dem Ofen zerlaeuft's, in dem Wasser ersaeuft's: wer gescheit ist, begreift's.

Es ist ein Stab, dick, rund und glatt,
Der oft ein feurig Mützchen auf hat,
Das Mützchen ist gefräßig gar,
Es frißt den Stab mit Haut und Haar.

68. Die Dornenhecke.

In einem Garten spielten Kinder auf den Sand- und Rasenplaetzen und labten sich an den Johannis- und Stachelbeeren. Bei dem Umherstreifen im Garten kamen sie an eine dichtverwachsene Dornenhecke. Da sprachen sie untereinander: „Was mag wohl hinter dieser Hecke sein?" Sie versuchten durch die Hecke zu dringen, wurden aber sogleich von den Doernern gestochen, und je weiter sie vorzudringen sich bemuehten, desto mehr und desto tiefer wurden sie verwundet. Endlich liessen sie von ihrem Vorhaben ab und eilten weinend zum Vater, um sich ueber die stechenden Dornen zu beklagen. Der Vater aber sprach zu ihnen: „Hinter der Hecke ist ein tiefer, sumpfiger Graben. Damit ihr nicht in diesen Graben fallen moechtet, habe ich die Dornenhecke gepflanzt. Wenn ihr nun vorwitzig durch die Hecke dringen wollt, so soll euch jeder Dornenstich warnen, damit ihr nicht weiter dringt und sodann in die groeste Gefahr stuerzt." Die heilige Liebe Gottes strafet; die Strafe soll uns warnen und zur Umkehr vom boesen Wege ermahnen, damit wir unsere Seele nicht in weitern Schaden bringen, alle Ruhe und allen innern Frieden verlieren. Wohl dem, der sich durch die Dornenstiche des Gewissens warnen und zur Umkehr bewegen laesst!

Ein gutes Gewissen ist besser als zwei Zeugen:
Es verzehrt deinen Kummer wie die Sonne das Eis;
Es ist eine Quelle, wenn dich duerstet,
Ein Stab, wenn du sinkest,
Ein Schirm, wenn dich die Sonne sticht,
Und ein sanftes Kopfkissen im Tode.

69. Lebensregeln.

Am Morgen.

Sobald du am Morgen erwachest, sei dein erster Gedanke an Gott. Dank' ihm von Herzen fuer die Ruhe der Nacht, und bitte ihn um seinen Segen fuer den Tag. „Denn an Gottes Segen ist Alles gelegen." Sodann stehe eilends auf; ein gutes Kind liegt nicht wach im Bette. Auch laesst es sich zum Aufstehen nie mehr als einmal rufen. Bist du aufgestanden, so kleide dich rasch an. Brave Kinder gehen unangekleidet zu Niemanden. Jetzt wasche dich reinlich an Haenden, Gesicht und Ohren; spuele deinen Mund aus und reinige deine Zaehne. Sehr gesund ist es auch, jeden Morgen den Kopf und die Brust mit frischem Wasser zu waschen. Nachdem du gewaschen bist, gehe zu deinen Eltern, gruesse sie freundlich und wuensche ihnen Gesundheit und Glueck fuer den Tag. Auch deine Geschwister must du freundlich gruessen und alle Genossen des Hauses. Jetzt geht's zum Arbeiten und zum Lernen. Morgens in der Fruehe gelingt dies am besten. Dann geht Alles leicht von Hand und in den Kopf. Denn: „Die Morgenstund' hat Gold im Mund."

Bei Tische.

Wenn es Tischzeit ist, so komme ungerufen und lass dich nicht erst lange suchen. Sind aber die Speisen nicht gleich aufgestellt, wenn du essen moechtest, so weine und schreie nicht. Warte huebsch und hilf der Mutter auftragen. Reinlich must du sein an Haenden und Gesicht, auch sauber und ordentlich angekleidet, wenn du zu Tische gehst. Begib dich auch still an deinen Platz und bete mit gefalteten Haenden und voll Andacht zu Gott, auf dass er das Mahl segne. Beim Essen sei nicht gierig und verschlinge nicht gleichsam mit den Augen die Speisen. Warte fein, bis man dir was gibt; doch lange nicht zu hastig zu und wolle nicht von Jedem zuerst haben. Greife auch niemals nach dem Groessten und Besten. Fuer Alles, was man dir gibt, sollst du hoeflich danken. Forderst du aber Etwas, so thue es in bescheidener Weise. Auch darfst du waehrend des Essens nicht schwaetzen, und nicht lachen, nicht an Kopf und Ohren kratzen nicht an Teller, Schuesseln u. dgl. spielen und klappern, nicht in die Speisen blasen, nicht schmatzen und nicht schluerfen. Mit Messer oder Gabel sollst du nicht an den Zaehnen stochern und dich hueten, die Finger zu beschmutzen und die Speisen damit zu beruehren. Am Tische sitze gerad und ruhig, lege nicht die Arme, sondern nur die Haende auf den Tisch. Loeffel, Messer und Gabel lege zur rechten, das Brod aber zur linken Seite des Tellers. Huete dich, den Tisch zu beschuetten und zu beflecken; nimm darum Loeffel und Gabel nie uebervoll. Bei trockenen Speisen nimm nur kleine Stuecke und kaue Alles wohl; doch wenn du kauest halte den Mund zu und wolle dann nie sprechen.

Musst du husten, niesen oder schneuzen, so drehe dich vom Tische weg und halte schnell dein Taschentuch vor's Gesicht. Ueberhaupt benimm dich immer so, dass Niemand deinetwegen ekelt. Bei Speisen, die du noch nie genossen, nimm dich in Acht, und sieh auf aeltere Leute, wie diese damit umgehen. Iss auch nie zu viel. Unmaessigkeit macht krank, Maessigkeit aber bringt Gesundheit und langes Leben. Heisse Speisen sollst du nicht essen, noch viel weniger kalte Getraenke in solche trinken; das schadet deinen Zaehnen und Eingeweiden sehr. Eben so sehr must du dich hueten, Suesses und Saures durch einander zu geniessen. Milch und Obst vertragen sich auch nicht. Nachdem du dich gesaettigt hast, verrichte dein Dankgebet. Aber erinnere dich auch des Armen: Denn wer des Armen kann vergessen, verdienet nicht sich satt zu essen.

In der Kirche.

Die Kirche ist der heiligste Ort; darum betritt dieselbe immer in Ehrfurcht und Andacht. Begib dich still und ruhig und ohne umher zu gaffen, an deinen Platz. Falte deine Hände und hebe sie mit deinem Herzen himmelwärts. Im Geiste und mit inniger Andacht wohne dem Gottesdienste bei. Merke stets auf jedes Wort der Predigt und Christenlehre und schreibe sie tief in dein Herz ein. Kannst du die Gesänge, so singe leise und ordentlich mit. Auch beim Gebete sollst du dich schicklicher Weise betheiligen. Störe ja Niemanden durch Lachen, Schwätzen oder Necken. Ist der Gottesdienst zu Ende, dränge dich nicht zur Kirche hinaus, sondern zeige auch dann noch, daß du in Andacht dem Gottesdienste beigewohnt hast. So gefällst du Gott, und er wird dich segnen dein ganzes Leben lang. Bedenke, was die Kirche ist, und in der Kirche, wo du bist.

Auf dem Schulwege.

Kriech in die Schule nicht, wie eine faule Schnecke,
Und steh' nicht immer still an jedes Hauses Ecke.
Doch renn' und rase nicht, wie ein wildes Pferd
Auf deine Schule zu, wo man dich Gutes lehrt.
Deine Muetze schone nicht vor Andern auf den Strassen;
Zieh' sie ab, recht schnell, dann wird es hoeflich lassen.
Sieht ein geehrter Mann durch's Fenster zu dir hin,
Mach' ein Compliment mit Anstand gegen ihn.
Wenn dich And're auf deinem Wege gruessen,
Wirst du gleich recht danken muessen.

Lockt ein boeses Kind dich vom Schulweg ab zu sich,
Folg' nicht, geh' ja nicht mit, denn es verfuehret dich.
Enthalt' dich ebenfalls vor haesslichem Naschen,
Iss dein Fruehstueck nicht im Gehen aus den Taschen.
Auch steht man schamlos nicht an die Haeusser hinan,
Wenn man die Nothdurft noch geheim verrichten kann.
Weil man durch Umweg' sich zu lang oft kann verweilen,
So lass dir's ernste Sorge sein, der Schule zuzueilen.
Doch ist die Schule und der Unterricht aus,
Dann gehe ruhig, bescheiden und stille nach Haus,
Und bedenke stets, dass, wo du auch bist,
Doch Gott in deiner Naehe ist.

In der Schule.

Ehe du in die Schule trittst, reinige deine Schuhe. Sorge auch, daß du ordentlich angekleidet, sauber gewaschen und gehörig gekämmt bist. Unreinliche und unordentliche Menschen gehören nicht in die Schule, denn sie ist ein wichtiger und heiliger Ort. Stille und bescheiden tritt in die Schule und grüße freundlich deinen Lehrer und deine Mitschüler. Dann begib dich stille an deinen Platz und bringe alle deine Sachen in Ordnung. Du darfst nichts vergessen haben. Der Schüler lernt nichts, welchem bald dies, bald jenes fehlt. Noch viel weniger sollst du zu spät zur Schule kommen, oder dieselbe gar versäumen. Das thun nur Kinder, denen wenig an der Schule und dem Guten liegt. Bei dem Gebete vor und nach dem Unterrichte sei ja recht andächtig. Sodann passe auf die Worte des Lehrers genau auf. Hast du etwas nicht gehört oder nicht verstanden, so stehe auf und sage dies. Werden Aufgaben gestellt, suche dieselben so schnell als möglich zu liefern und so richtig als du kannst. Mußt du sprechen, so sprich laut und vernehmlich. Was du schreibst, sei reinlich, leserlich und richtig. Wirst du gefragt, so stehe rasch auf und hefte dein Auge nur auf den Fragenden. An deinem Platze sitze ruhig, doch nie gebückt, sondern gerade. Plaudere und lache nicht, spiele und tändle nie. Deine Mitschüler darfst du nicht necken oder beunruhigen. Ist aber ein anderer gefragt, so flüstere ihm nicht zu. Forthelfen sollst du außer der Schule jedem Mitschüler. Dann ist es ein gutes Werk, das Gott und den Menschen gefällt. Aber während des Unterrichts darfst du nicht zurufen, dies stört die Schule und schadet viel. Suche daher alles Störende zu vermeiden. Auch alle Dinge in der Schule mußt du unbeschädigt und rein lassen. Schneide nicht an Tischen, Stühlen und Bänken, zerreiße kein Papier und kein Buch, beflecke nicht Tafel und Fenster, Thüre und Wände mit Kreide, Tinte u. dgl. Schneide und schreibe auch deinen Namen nicht an alle Orte und auf jedes Ding. Merke dir das Sprüchlein: „Die Namen der Gecken stehen an allen Ecken." In einer Schule sucht und findet man die unreinlichen Schüler an den schmutzigen Plätzen. An deiner Schiefertafel sollst du stets ein Schwämmchen oder Läppchen angebunden haben. Ein reinliches Kind wischt nie mit Fingern aus. Doch, ist der Unterricht zu Ende, so danke Gott dafür und vergiß ihn nie auf allen deinen Wegen. Gern will ich in die Schule geh'n; wer lernt, der wird gescheit. Die Kindheit wird gar bald vergeh'n, wer groß ist, hat nicht Zeit. Den Klugen hält man lieb und werth, den Ungeschickten Niemand begehrt.

Beim Schlafengehen.

Des Abends, wenn es Zeit, musst du zu Bette gehen,
Und dieses soll von dir stets ohne Zwang geschehen.
Frueh zu Bett — das merke dir — und frueh wieder auf,
Das macht gesund und stark und reich im Kauf.
Leg' dich aber nie in einen Winkel auf die Erde nieder,
Sonst bringt man dich nicht leicht aus deinem Schlafe wieder.
Zieh deine Kleider aus, doch nicht vor Jedermann,
Und lege sie dahin, wo man sie leicht finden kann.
Gib auch, wenn du schlafen gehst, auf Feuer und Licht huebsch **acht**,
Und wuensche Vater und Mutter und Allen gute Nacht.
Verricht' zuvor, was du noch hast verrichten sollen,
Und was auch die Natur von dir hat fordern wollen.
Steige nie ohne Nachtgebet ins Bett hinein,
Wie leicht koennte ja dein Schlaf ein Schlaf des Todes sein!
Lege dich still und ruhig in dein Bettlein nieder,
Doch nicht schief und krumm, strecke deine zarten Glieder.
Nicht auf dem Ruecken und der linken Seite sollst du liegen,
Wirst dadurch schlechten Schlaf und schweres Athmen kriegen.
Auch nicht auf die Brust und den Bauch dahin,
Sondern der Laenge nach auf die rechte Seite hin,
Dabei sei nicht zu warm bedeckt und lieg' bescheiden,
Und wolle auch schlafend jedes Unanstaend'ge meiden
Du liegest sanft und ruhest suess, auch auf harten Kissen,
Wenn in deiner Brust dir wohnt ein fromm und gut Gewissen.

70. Die erste Lüge.

Es hat ein Kind gelogen,
Es war zum ersten Mal:
Gleich war sein Auge düster,
Sein Herz voll Angst und Qual.

Es konnte Niemand sehen
Ganz offen in's Gesicht,
Ging gern alleine stehen
Und scheute Wort und Licht.

Der Vater hat's erfahren,
Da ging er still allein,
Und weinte bittre Thränen
In seinem Kämmerlein

Er sprach: „O tiefe Lüge,
Sie schneidet mir in's Herz;
Das ist von meinem Kinde
Der erste, größte Schmerz.

Mein Kind hat nun zerrissen
Sein schönes Himmelskleid,
Sein Herz ist nun beflecket,
Sein Engel weint vor Leid.

Ich kann ihm nicht mehr trauen,
Ich weiß nicht, was es sagt:
Es ist mir wie gestorben,
O Gott, dir sei's geklagt!"

71.

Thor, Thüre, Pforte. — Grab, Grube, Gruft. — Gepolter, Geprassel, Gerassel, Geräusch, Getöse, Getümmel. — Klaue, Pfote, Tatze, Lauf, Huf, Kralle.

Geben, mittheilen, schenken, verehren, bescheeren. — Genehmigen, bewilligen, einwilligen, einräumen, zugeben, zugestehen.

Freudig, froh, fröhlich. — Klein, gering, wenig, winzig. — Eigensinnig, halsstarrig, stark, starrsinnig, starrköpfig, hartnäckig, widerspenstig, störrig.

Allemal, jedesmal, allezeit, jederzeit, immer, stets. — Jüngst, kürzlich, neulich, unlängst.

72. Das Kind am Ofenloch.

Es sass ein Kind am Ofenloch,
Es sass in guter Ruh.
Was macht das Kind am Ofen doch?
Es sieht dem Feuer zu.

Und wie das Kind am Ofen sass
In guter stiller Ruh,
So laesst man gern ihm seinen Spass
Und denkt: Da sitze du!

Und keiner ist beim Kinde mehr,
Es sitzt da ganz allein;
Und immer fallen kreuz und quer,
Die Funken gross und klein.

Auf einmal stoest mit einem **Braus**
Vom Schornstein her ein Wind,
Und eine Flamme schlaegt heraus,
Und fasst das arme Kind.

Und gleich das Kind in Flammen steht,
Als wenn's Papier nur waer';
Und wie das Kind sich wend't und dreh't,
So brennt es nur noch mehr.

Und wie es ruft, man hoert es nicht,
Es laeuft zur Thuer hinaus;
Als wie ein grosses flammend Licht,
So sieht das Kind da aus.

,,O weh, mein Kind!'' die Mutter rief.
Und greift es mit der Hand,
Und steckt es in den Eimer tief,
Das loescht den wilden Brand.

Und sieben, sieben lange Tag'
In Schmerzen, bitter heiss,
Das arme Kind im Bette lag —
Und aechzte laut und leis.

Und sieben, sieben Wochen noch
Das Kind die Wunden trug,
Und ging nie mehr an's Ofenloch,
Und wurde fromm und klug.

73. Der große Birnbaum.

Der alte Ruprecht saß im Schatten des großen Birnbaumes vor seinem Hause. Seine Enkel aßen von den Birnen, und konnten die süßen Früchte nicht genug loben.

Da sagte der Großvater: ,,Ich muß euch doch erzählen, wie der Baum hierher kam. Vor mehr als fünfzig Jahren stand ich einmal hier, wo damals ein leerer Raum war, und wo jetzt der Baum steht, und klagte dem reichen Nachbar meine Armuth. Ach! sagte ich, ich würde sehr zufrieden sein, wenn ich mein Vermögen nur auf hundert Thaler bringen könnte.''

Der Nachbar, welcher ein kluger Mann war, sprach: ,,Das kannst du leicht, wenn du es darnach anfängst; denn merke wohl! da wo du stehst, stecken mehr als hundert Thaler im Boden. Mache nur, daß du sie herausbringst!''

Ich war damals noch ein unverständiger junger Mann. Ich grub in der folgenden Nacht an der Stelle tief in die Erde hinein, fand aber zu meinem Verdrusse keinen einzigen Thaler.

Als der Nachbar am Morgen die Grube sah, lachte er, daß er sich beide Seiten hielt, und sagte: „O du einfältiger Mensch, so war es nicht gemeint! Ich will dir aber ein veredeltes Birnbäumchen schenken. Das setze in die Grube, die du gemacht hast, und nach einigen Jahren werden die Thaler schon zum Vorschein kommen."

Ich setzte den jungen Stamm ein; er wuchs und wurde der große, herrliche Baum, den ihr hier sehet. Die köstlichen Früchte, welche er so viele Jahre hindurch getragen hat, brachten mir schon einige hundert Thaler ein. —

Ich habe mir deshalb das Sprüchlein des klugen Nachbars wohl gemerkt; es heißt:

„Ein sich'rer Reichthum ist Verstand und eine arbeitsame Hand."

74. Der Mann mit dem hölzernen Fuße.

Thomas ging auf einen Jahrmarkt, und sein zwölfjähriger Sohn ging mit ihm. Auf dem Wege kamen sie an einem Manne vorbei, der ganz keuchend und mühsam seinen hölzernen Fuß nachschleppte, und sie um ein Almosen bat. Thomas gab ihm einen Groschen und sagte: Durch was für ein Unglück habt ihr, guter Mann, euren Fuß verloren? Ach, mein Herr, antwortete der Bettler mit einem tiefgeholten Seufzer, ich war wohl selbst schuld an meinem Unglücke; ich kann nicht daran denken, ohne mein Elend doppelt zu fühlen. Da ich noch jung und etwa so groß wie dieser Knabe war, rang ich aus Scherz mit einem andern Knaben; er warf mich zu Boden, fiel auf mich, und — mein Bein war entzwei. O, was ich da für Schmerzen leiden mußte! Man nahm mir einen Knochensplitter nach dem andern heraus; endlich kam der Brand dazu, und man mußte mir, um noch mein Leben zu retten, den Fuß ganz abnehmen. Meine Eltern habe ich frühe verloren; arbeiten, wie ihr seht, kann ich nicht; jetzt muß ich — da wischte er sich eine Thräne aus dem Auge — betteln. Gott vergelte es euch tausendfach! So rief er noch lange, als Thomas mit seinem Sohne ganz gerührt fortging.

Da nahm der Vater Gelegenheit, seinem Kinde zu sagen, wie wenig man gewöhnlich in der Jugend die Gesundheit und die geraden Glieder achtet; wie oft sich Kinder aus Frevel und Leichtsinn zu Krüppeln machen, ein Auge, einen Arm oder Fuß, oder wohl gar das Leben verlieren. Darüber unterhielt er sich mit seinem Sohne, bis sie an Ort und Stelle kamen.

75. Der Wolf und der Mensch.

Der Fuchs erzählte einmal dem Wolf von der Stärke des Menschen. Kein Thier, sagte er, könnte ihm widerstehen und sie müßten List gebrauchen, um sich vor ihm zu retten. Da versetzte der Wolf: Wenn ich doch nur einmal einen zu sehen bekäme; ich wollte doch wohl auf ihn losgehen. Dazu kann ich dir verhelfen, sprach der Fuchs; komm nur morgen früh zu mir, so will ich dir einen zeigen. Der Wolf stellte sich frühzeitig ein, und der Fuchs ging mit ihm auf den Weg, wo der Jäger alle Tage herkam. Zuerst kam ein alter, abgedankter Soldat. Ist das ein Mensch? fragte der Wolf. Nein, antwortete der Fuchs, das ist einer gewesen. — Darnach kam ein kleiner Knabe, der zur Schule wollte. Ist das ein Mensch? — Nein, das will erst einer werden. — Endlich kam der Jäger, die Doppelflinte auf dem Rücken und den Hirschfänger an der Seite. Da sprach der Fuchs zum Wolf: Siehst du? dort kommt ein Mensch, auf den mußt du losgehen; ich aber will mich fort in meine Höhle machen.

Der Wolf ging nun auf den Menschen los. Der Jäger, als er ihn erblickte, sprach: Es ist Schade, daß ich keine Kugel geladen habe, legte an und schoß dem Wolf das Schrot ins Gesicht. Der Wolf verzog das Gesicht gewaltig; doch ließ er sich nicht schrecken und ging vorwärts. Da gab ihm der Jäger die zweite Ladung. Der Wolf verbiß den Schmerz und rückte dem Jäger doch zu Leibe.

Da zog dieser seinen Hirschfänger und gab ihm links und rechts tüchtige Hiebe, daß er, über und über blutend und heulend, zu dem Fuchse zurücklief.

Nun, Bruder Wolf, sprach der Fuchs, wie bist du mit dem Menschen fertig geworden? — Ach, antwortete der Wolf, so habe ich mir die Stärke des Menschen nicht vorgestellt. Erst nahm er einen Stock von der Schulter und blies hinein; da flog mir's um die Nase wie Blitz und Hagelwetter. Und wie ich ihm ganz nahe war, da zog er eine blanke Rippe aus dem Leibe; damit hat er so stark auf mich losgeschlagen, daß ich beinahe todt liegen geblieben wäre. — Siehst du, sprach der Fuchs, was für ein Prahlhans du bist? Du wirfst das Beil so weit, daß du's nicht wieder holen kannst.

76. Vom Büblein, das überall hat mitgenommen sein wollen.

Denk' an! das Büblein ist einmal
Spazieren gangen im Wiesenthal;
Da wurd's müd gar sehr
Und sagt': „Ich kann nicht mehr;
Wenn nur Was käme
Und mich mitnähme.

Da ist das Bächlein geflossen kommen
Und hat's Büblein mitgenommen;
Das Büblein hat sich auf's Bächlein gesetzt
Und hat gesagt: „So gefällt mir's jetzt."

Aber was meinst du? das Bächlein war kalt,
Das hat das Büblein gespürt gar bald;
Es hat's gefroren gar sehr,
Es sagt: „Ich kann nicht mehr;
Wenn nur Was käme
Und mich mitnähme!"

Da ist das Schifflein geschwommen kommen
Und hat's Büblein mitgenommen;
Das Büblein hat sich auf's Schifflein gesetzt
Und hat gesagt: „Da gefällt mir's jetzt."

Aber siehst du? das Schifflein war schmal,
Das Büblein denkt: da fall' ich einmal;
Da fürcht es sich gar sehr
Und sagt': „Ich mag nicht mehr;
Wenn nur Was käme
Und mich mitnähme!"

Da ist die Schnecke gekrochen kommen
Und hat's Büblein mitgenommen;
Das Büblein hat sich in's Schneckenhäuschen gesetzt
Und hat gesagt: „Da gefällt mir's jetzt."

Aber denk'! die Schnecke war kein Gaul,
Sie war im Kriechen gar zu faul;
Dem Büblein ging's langsam zu sehr;
Es sagt: „Ich mag nicht mehr;
Wenn nur Was käme
Und mich mitnähme!"

Da ist der Reiter geritten gekommen,
Der hat's Büblein mitgenommen;
Das Büblein hat sich hinten auf's Pferd gesetzt
Und hat gesagt: „So gefällt mir's jetzt!"

Aber gib Acht! das ging wie der Wind,
Es ging dem Büblein gar zu geschwind;
Es bopst darauf hin und her
Und schreit: „Ich kann nicht mehr;
Wenn nur Was käme
Und mich mitnähme!"

Da ist ein Baum ihm in's Haar gekommen
Und hat das Büblein mitgenommen;
Er hat's gehängt an einen Ast gar hoch,
Dort hängt das Büblein und zappelt noch.

77. Das Mährchen vom Mann im Mond.

Vor uralten Zeiten ging einmal ein Mann am lieben Sonntagmorgen in den Wald, haute sich Holz ab, eine großmächtige Welle, band sie, steckte einen Staffelstock hinein, huckte die Welle auf und trug sie nach Hause.

Da begegnete ihm unterwegs ein hübscher Mann in Sonntagskleidern, der wollte wohl in die Kirche gehen, blieb stehen, redete den Wellenträger an und sagte: „Weißt du nicht, daß auf Erden Sonntag ist, an welchem Tage der liebe Gott ruhete, als er die Welt und alle Thiere und Menschen geschaffen? Weißt du nicht, daß geschrieben steht im dritten Gebot: „Du sollst den Sabbat heiligen?" Der Fragende aber war der liebe Gott selbst; jener Holzhauer jedoch war ganz verstockt und antwortete: Sonntag auf Erden oder Montag im Himmel, was geht das mich an, und was geht es dich an?"

„So sollst du deine Reisigwelle tragen ewiglich!" sprach der liebe Gott, „und weil der Sonntag auf Erden dir so gar unwerth ist, so sollst du fürder ewigen Montag haben und im Monde stehen, ein Warnungsbild für die, welche den Sonntag mit Arbeit schänden!"

Von der Zeit an steht im Mond immer noch der Mann mit dem Holzbündel, und wird wohl auch so stehen bleiben bis ans Ende der Welt.

78. Ruebezahl.

Einst reisete ein Glaser ueber das Gebirge, und ward ueber die schwere Last des Glases, die er auf dem Ruecken trug, muede, schaute sich daher um, wo er sich wohl hinwenden koennte. Der ihn beobachtende Ruebezahl merkte dies kaum, als er sich in einen runden Klotz verwandelte, welchen der Glaser nicht lange nachher am Wege liegend antraf und mit frohem Muthe hinging, um sich auf ihn zu setzen. Doch die Freude dauerte nicht lange, denn kaum hatte er einige Zeit gesessen, so waelzte sich der Klotz so geschwind unter ihm fort, dass der arme Glaser mit sammt seinem Glase zu Boden schlug und es in tausend Stuecke zerschellte. — Der betruebte Mann erhob sich von der Erde, blickte um sich, aber sah keinen Klotz mehr, auf dem er vorhin gesessen hatte. Da fing er an bitterlich zu weinen, und beseufzte mit herzlichen Klagen seinen erlittenen Verlust; doch wandelte er seine Strasse fort. Da gesellte sich Ruebezahl in Gestalt eines Reisenden zu ihm und fragte ihn, was er doch so weine und worueber er sein Leid trage? Der Glaser erzaehlte ihm den ganzen Handel, wie er auf einem Blocke, um sich auszuruhen, gesessen; dieser habe sich schnell mit ihm umgedreht, sein ganzer Glasvorrath, wohl acht Thaler an Werth, sei zerbrochen und der Klotz sei verschwunden. Er wisse nun nicht, wie er sich erholen und seinen Schaden zum guten Ende bringen solle. Der mitleidige Berggeist troestete ihn, sagte ihm, wer er sei, und dass er ihm den Possen gespielt habe; er solle aber nur gutes Muthes sein, denn sein Schaden solle ihm verguetet werden. — Flugs verwandelte sich Ruebezahl in einen Esel und gab dem Glaser den Befehl, ihn in einer am Fusse des Berges liegenden Muehle zu verkaufen, mit dem Gelde sich aber schnell von dannen zu machen. Der Glaser bestieg den verwandelten Berggeist sogleich, und ritt ihn vom Gebirge hinunter zu der Muehle, wo er ihn dem Mueller zeigte und fuer zehn Thaler feilbot, der ihn fuer neun Thaler erstand, welches Geld der Glaser ohne Saeumen nahm und sich davon machte. Das erkaufte Thier ward in den Stall gefuehrt, und der Knecht legte ihm Heu vor; aber Ruebezahl sprach sogleich: „Ich fresse kein Heu, sondern lauter Gebratenes und Gebackenes!" Dem Knecht straeubte sich das Haar, er eilte zu seinem Herrn und verkuendete die neue Maehre, der, als er in den Stall kam, nichts fand, denn der Esel und mit ihm die neun Thaler waren verschwunden. Aber dem Mueller geschah Recht, da er viele arme Leute betrogen hatte. So raechte Ruebezahl geschehene Unbill.

79. Die wandelnde Glocke.

Es war ein Kind, das wollte nie
Zur Kirche sich bequemen,
Und Sonntags fand es stets ein Wie
Den Weg in's Feld zu nehmen.

Die Mutter sprach: „Die Glocke tönt,
Und so ist dir's befohlen,
Und hast du dich nicht hingewöhnt,
Sie kömmt und wird dich holen."

Das Kind, es denkt: „die Glocke hängt
Da droben auf dem Stuhle."
Schon hat's den Weg in's Feld gelenkt,
Als lief es aus der Schule.

„Die Glocke, Glocke tönt nicht mehr,
Die Mutter hat gefackelt."
Doch welch ein Schrecken! hinterher
Die Glocke kömmt gewackelt.

Sie wackelt schnell, man glaubt es kaum;
Das arme Kind im Schrecken,
Es läuft, es kömmt, als wie im Traum,
Die Glocke wird es decken.

Doch nimmt es richtig seinen Husch
Und mit gewandter Schnelle
Eilt es durch Anger, Feld und Busch
Zur Kirche, zur Kapelle.

Und jeden Sonn- und Feiertag
Gedenkt es an den Schaden,
Läßt durch den ersten Glockenschlag
Nicht in Person sich laden.

80. Vom dummen Hänschen.

Hänschen will ein Tischler werden, ist zu schwer der Hobel; Schornsteinfeger will er werden, doch das ist nicht nobel; Hänschen will ein Bergmann werden, mag sich doch nicht bücken; Hänschen will ein Müller werden, doch die Säcke drücken; Hänschen will ein Weber werden, doch das Garn zerreißt er. Immer, wenn er kaum begonnen, jagt ihn fort der Meister. Hänschen, Hänschen, denke dran, was aus dir noch werden kann.

Hänschen will ein Schlosser werden, sind zu heiß die Kohlen; Hänschen will ein Schuster werden, sind zu hart die Sohlen; Hänschen will ein Schneider werden, doch die Nadeln stechen; Hänschen will ein Glaser werden, doch die Scheiben brechen; Hänschen will Buchbinder werden, riecht zu sehr der Kleister. Immer, wenn er kaum begonnen, jagt ihn fort der Meister. Hänschen, Hänschen, denke dran, was aus dir noch werden kann.

Hänschen hat noch viel begonnen, brachte nichts zu Ende; drüber ist die Zeit verronnen, schwach sind seine Hände. Hänschen ist nun Hans geworden, und er sitzt voll Sorgen, hungert, bettelt, weint und klaget Abends und am Morgen: „Ach, warum nicht war ich Dummer in der Jugend fleißig? Was ich immer auch beginne— dummer Hans nur heiß ich.— Ach, nun glaub' ich selbst daran, daß aus mir nichts werden kann."

81. Wie's Kätzlein schreibt.

Was Lustiges, Kinder, gebt Acht! wie's Kätzlein dem Hans die Aufgabe gemacht. 's war draußen ein arger Regentag, und Hans mußte zu Hause bleiben; er sollte für die Schule ein Brieflein schreiben. Hans wäre lieber in der Stube herumgesprungen;

sein „Höst!" und „Hott!" war aber so laut, daß die Mutter
vom Nähzeug aufschaut und Steckenreiter zum Tische treibt.
Weil Hans aber nicht gerne schreibt, so weint er und sagt, die
Tinte sei dick, die Feder spritze, das Papier finde er nimmer. Da
sagt die Mutter mit ernstem Blick: „So geht's den faulen Leuten
immer." Hans schämt sich und wird mäuschenstill; er kaut an
der Feder und weiß nicht, was er schreiben will; er gähnt, er
dehnt sich, er reckt und streckt sich, er legt den Kopf in die linke
Hand und denkt allerhand, da fallen ihm die Augen zu, und bald
nickt er und schnarcht dazu. Die Mutter hat's wohl gesehen;
sie schüttelt den Kopf und läßt es geschehen.

Da kommt das Kätzlein vom Ofen herunter und springt in
der Stube herum gar munter; und hops! und hops! es springet
frisch von den Sesseln auf den Tisch. Es schnüffelt an der Feder,
nimmt sie in's Maul und tanzt auf dem Tisch damit nicht faul.
Aber, aber, daß Gott erbarm! das Kätzlein springt über Häns=
chens Arm, da kommt's mit dem dünnen Bein in's Tintenfaß
hinein! O weh', das garstige Tintenfaß! Wie ist das Füßlein
schwarz und naß! Das Kätzlein hopst mit gefärbten Bein gar
fein auf dem Papier herum, und malt, gar nicht dumm, eine
Menge Blümlein, dem Hans in den Brief hinein; ein Maler
könnt' es besser nicht, sie sahen aus wie Vergißmeinnicht. Dem
Kätzlein wird die Pfote kalt, da macht es Halt. Es beschaut und
beschnüffelt den Fuß, der war so schwarz wie Ofenruß; es schlen=
kert und schüttelt das wüste Bein, da fallen viel Flecken in den
Brief hinein. Dann hopst es auf der Mutter Wort auf Häns=
chens Kopf und springet fort. — Die Mutter lacht, und Hans
erwacht. Er reibt die Augen und schaut und schaut; dann schaut
er auf und schmälet laut, es habe ihn ein Schalk verirt und ihm
Tinte auf Papier und Hände geschmiert. Und als er's heulend
der Mutter klagt, da lacht sie den Faulenzer aus und sagt:
„Wärst du immer liegen geblieben! 's Kätzlein hat dir ja die
Aufgab' geschrieben."

82. Das fremde Kind.
(Eine Legende.)

In einem kleinen Häuschen am Eingange eines
Waldes lebte ein armer Tagelöhner, der sich mit Holz=
hauen mühsam sein Brot verdiente. Er hatte ein Weib
und zwei Kinder, die ihm fleißig zur Arbeit halfen.
Das Knäblein hieß Valentin, das Mädchen Marie, und

tie waren gehorsam und fromm zu der Eltern Freude und Trost. Als die guten Leute nun eines Winterabends, da es draußen schneite und wehte, beisammen saßen und ein Stücklein Brot verzehrten, dafür Gott von Herzen dankten und der Vater noch aus der biblischen Geschichte vorlas, da pochte es leise am Fenster zu ungewohnter Stunde und ein feines Stimmchen rief draußen: „O laßt mich ein in euer Haus, ich bin ein armes Kind und habe Nichts zu essen, und kein Obdach, und meine schier vor Hunger und Frost umzukommen! o laßt mich ein!" Da sprangen Valentin und Mariechen vom Tisch auf, öffneten die Thüre und sagten: „Komm herein, armes Kind, wir haben selbst nicht viel, aber doch immer mehr als du, und was wir haben, das wollen wir mit dir theilen." Das fremde Kind trat ein und wärmte sich die erstarrten Glieder am Ofen, und die Kinder gaben ihm, was sie hatten zu essen und sagten: „Du wirst wohl müde sein, komm, lege dich in unser Bettchen, wir können auf der Bank schlafen." Da sagte das fremde Kind: „Dank es euch mein Vater im Himmel." Sie führten den kleinen Gast in ihr Kämmerlein, legten ihn zu Bett, deckten ihn zu und dachten sich: „O wie gut haben wir es doch, wir haben unsere warme Stube, unser Bettchen, das arme Kind hat aber gar nichts, als den Himmel zum Dach und die Erde zum Lager." Als nun die Eltern zur Ruhe gingen, legten sich Valentin und Marie auf die Bank beim Ofen und sagten zu einander: „Das fremde Kind wird sich nun freuen, daß es warm liegt. Gute Nacht!" — Es mochten aber die guten Kinder kaum einige Stunden geschlafen haben, als die kleine Marie erwachte und ihren Bruder leise weckte, indem sie zu ihm sprach: „Valentin, Valentin, wach' auf, wach' auf! Höre doch die schöne Musik vor den Fenstern!" — Da rieb sich Valentin die Aeugelein und lauschte. Es war ein wunderbares Singen und Klingen, das sich vor dem Hause vernehmen ließ und wie mit Harfenbegleitung hallte es:

O heiliges Kind!	Du liegst in Ruh,
Wir grüßen dich	Du heiliges Kind;
Mit Harfenklang	Wir halten Wacht
Und Lobgesang.	In dunkler Nacht.

O Heil dem Haus,
In das du kehrst!
Es wird beglückt
Und hoch entzückt!

Das hörten die Kinder und es befiel sie eine freudige, bange Angst, und sie traten an's Fenster, um zu schauen, was draußen geschehe. Im Osten sahen sie das Morgenroth glühen und vor dem Hause viele Kinder steh'n, die goldne Harfen und Lauten hatten und mit silbernen Kleidern angethan waren. Erstaunt und verwundert ob dieser Erscheinung starrten sie zum Fenster hinaus; da berührte sie ein leiser Schlag und als sie sich umwandten, da sahen sie das fremde Kind vor sich stehen, das ein Kleid von Goldstoff an hatte und mit einer glänzenden Krone auf dem goldgelockten Haupt geschmückt war und sprach: „Ich bin das Jesukindlein, das in der Welt umherwandelt, um frommen Kindern Glück und Freude zu bringen. Ihr habt mich beherbergt diese Nacht, indem ihr mich für ein armes Kind hieltet, und ihr sollt nun meinen Segen haben. Da brach es ein Reislein von einem Tannenbaum, der am Hause stand und pflanzte es in den Boden und sprach: „Das Reislein soll zum Baume werden und soll euch alljährlich Früchte bringen." Und alsbald verschwand es mit den musicirenden Kindern, den Engeln. Das Tannenreis aber schoß empor und ward zum Weihnachtsbaum; der war behangen mit goldnen Aepfeln und Silbernüssen und blühte alle Jahre einmal. Und wenn ihr, liebe Kinder, zu Weihnachten vor dem reichgeschmückten

Baume steht, und euch freut, so gedenket auch der armen Kinder, die kaum ein Stückchen Brot haben, um ihren Hunger zu stillen und danket Gott.

83. Der Frühling.

Es war Frühling geworden; die Sonne hatte den Schnee von den Bergen weggeschienen; die grünen Grasspitzen kamen aus den welken Halmen hervor; die Knospen der Bäume brachen auf und ließen schon die jungen Blättchen durchscheinen: da wachte das Bienchen aus seinem tiefen Schlafe auf. Es rieb sich die Augen und weckte seine Kameraden, und sie öffneten die Thür und sahen, ob das Eis und der Schnee und der Nordwind fortgegangen wären. Und siehe, es war überall heller und warmer Sonnenschein. Da schlüpften sie heraus aus dem Bienenkorb, putzten ihre Flügel ab und probirten wieder zu fliegen. Sie kamen zum Apfelbaum und fragten: „Hast du nichts für die hungrigen Bienchen? wir haben den langen Winter nichts gegessen. Der Apfelbaum sagte: „Nein, ihr kommt zu früh zu mir; meine Blüthen stecken noch in der Knospe und sonst habe ich Nichts. Geht hin zur Kirsche." Da flogen sie zu dem Kirschbaum und sagten: „Lieber Kirschbaum, hast du keine Blüthen für uns hungrige Bienen?" Der Kirschbaum antwortete: „Kommt morgen wieder, heute sind meine Blüthen noch alle geschlossen. Wenn sie offen sind, sollt ihr willkommen sein." Da flogen sie zu der Tulpe, die hatte zwar eine große, farbige Blume, aber es war weder Wohlgeruch noch Süßigkeit darin; die Bienchen konnten keinen Honig darin finden. Da wollten sie schon wieder traurig und hungrig nach Hause zurückkehren, als sie ein dunkelblaues Blümchen an der Hecke stehen sahen. Es war das Veilchen, das wartete ganz bescheiden bis die Bienchen kamen; dann öffnete es ihnen seinen Kelch, der war voll Wohlgeruch und voll Süßigkeit, und die Bienchen sättigten sich und brachten noch Honig mit nach Hause.

84. Vom Bäumlein, das andere Blätter gewollt.

Es ist ein Bäumlein gestanden im Wald, in gutem und schlechtem Wetter; das hat von oben bis unten nur Nadeln gehabt statt Blätter; die Nadeln — die haben gestochen, das Bäumlein — das hat gesprochen: „Alle meine Kameraden haben schöne Blätter an, und ich habe nur Nadeln. Niemand rührt mich an. Dürft ich wünschen, wie ich wollt', wünscht ich mir lauter Blätter von Gold."

Wie's Nacht ist, schläft das Bäumchen ein, und früh ist's aufgewacht; da hat es goldne Blätter fein, das war eine Pracht! Das Bäumlein spricht: „Nun bin ich stolz, goldne Blätter hat kein Baum im Holz."

Aber wie es Abend war, ging ein Bettler durch den Wald mit einem Sack, und er gewahrte die schönen goldnen Blätter bald; er steckt sie ein, geht eilends fort und läßt das leere Bäumlein dort.

Das Bäumlein spricht mit Grämen: „Die goldnen Blätter dauern mich, ich muß vor den andern mich schämen, sie tragen so schönes Laub an sich. Dürft' ich mir wünschen noch Etwas, wünscht' ich mir Blätter von hellem Glas."

Da schlief das Bäumlein wieder ein, und früh ist's wieder aufgewacht; da hat es gläserne Blätter fein, das war eine Pracht! Das Bäumlein spricht: „Nun bin ich froh; kein Baum im Walde glitzert so."

Da kam ein großer Wirbelwind mit einem argen Wetter; der fährt durch alle Bäume geschwind und kommt an die gläsernen Blätter; da lagen die Blätter von Glase zerbrochen in dem Grase.

Das Bäumlein spricht mit Trauern: „Mein Glas liegt in dem Staub! die andern Bäume dauern mit ihrem grünen Laub. Wenn ich mir noch Etwas wünschen soll, wünsch' ich mir grüne Blätter wohl."

Da schlief das Bäumlein wieder ein, und wieder früh ist's aufgewacht; da hat es grüne Blätter fein. Das Bäumlein lacht — und spricht: „Nun hab' ich doch Blätter auch, daß ich mich nicht zu schämen brauch'."

Da kommt mit vollem Euter die alte Geis gesprungen; sie sucht sich Gras und Kräuter für ihre Jungen; sie sieht das Laub und fragt nicht viel, sie frißt es ab mit Stumpf und Stiel.

Da war das Bäumlein wieder leer. Es sprach nun zu sich selber: „Ich begehre nun keine Blätter mehr, weder grüner, noch rother, noch gelber; hätt' ich nur meine Nadeln, ich wollte sie nicht tadeln."

Und traurig schlief das Bäumlein ein, und traurig ist es aufgewacht; da besieht es sich im Sonnenschein und lacht und lacht! — Alle Bäume lachen's aus; das Bäumlein macht sich nichts daraus.

Warum hat's Bäumlein denn gelacht, und warum denn seine Kameraden? — Es hat bekommen in einer Nacht wieder alle seine Nadeln, daß Jedermann es sehen kann. Geh 'naus, sieh's an, doch rühr's nicht an!

85. Die Singvoegel.

Ein freundliches Doerflein war von einem ganzen Walde fruchtbarer Baeume umgeben. Die Baeume bluehten und dufteten im Fruehlinge auf das Lieblichste. Auf ihren Aesten und in den Hecken umher sangen und nisteten allerlei muntere Voegel. Im Herbste aber waren alle Zweige reichlich mit Aepfeln, Birnen und Zwetschen beladen.

Da fingen einmal einige boese Buben an, die Nester auszunehmen und zu zerstoeren. Die Voegel wurden dadurch verscheucht und zogen nach und nach ganz aus der Gegend hinweg. Man hoerte in den Gaerten und auf der Flur kein Voeglein mehr singen. Alles war ganz still und traurig. Die schaedlichen Raupen aber, die sonst von den Voegeln hinweggefangen wurden, nahmen ueberhand und frassen Blaetter und Bluethen ab. Die Baeume standen kahl da, wie mitten im Winter, und die boesen Buben, die sonst koestliches Obst im Ueberflusse zu verzehren hatten, bekamen nicht einen Apfel mehr zu essen.

Nimmst du dem Vogel Nest und Ei,
Ist's mit Gesang und Obst vorbei.
Lass doch in Ruhe, liebes Kind,
Die Thierchen, die unschaedlich sind.

86. Das Vergißmeinnicht.

Als der liebe Gott Himmel und Erde erschaffen und Alles, was auf der Erde ist, da benannte er auch die Pflanzen. Und es kamen Blumen von mancherlei

Art, die der Herr bedeutungsvoll nach ihrem Namen benannte. Aber, fügte er hinzu, **gedenket des Namens**, den euch der Herr, euer Gott, gegeben.

Siehe, da kam bald darauf ein Blümlein, angethan mit der Farbe des Himmels, bläulich schimmernd und gelb, und fragte: „Herr, wie hast du mich genannt? Ich habe meinen Namen **vergessen**."

Und der Herr sprach: „**Vergißmeinnicht!**" — Da schämte sich das Blümchen und zog sich zurück an den stillen Bach, in das dunkle Gebüsch, zur Einsamkeit, und **trauerte**. Wenn es aber Jemand sucht und pflückt, dann ruft es ihm zu: „**Vergißmeinnicht!**"

87. Das Brot.

Zur Zeit der Theuerung ließ ein reicher Mann die ärmsten Kinder der Stadt in sein Haus kommen, und sagte zu ihnen: „Da steht ein Korb voll Brot. Ein jedes von euch nehme eins davon — und so dürft ihr nun alle Tage kommen, bis Gott bessere Zeiten schickt."

Die Kinder fielen über den Korb her, stritten um das Brot, weil jedes das schönste und größte haben wollte, und gingen endlich fort, — ohne einmal zu danken.

Nur Henriette, ein armes, aber reinlich gekleidetes Mädchen, blieb in der Ferne stehen, nahm das **kleinste Laibchen**, das im Korbe blieb, küßte dem Manne dankbar die Hand, und ging dann stille und sittsam heim.

Am andern Tage waren die Kinder eben so ungezogen, und die arme Henriette bekam dieses Mal ein Laibchen, das kaum halb so groß war, als die übrigen Brote. Als Henriette aber heim kam, und die kranke Mutter das Brot anschnitt — da fielen eine Menge neuer Silberstücke heraus.

Die Mutter erschrak und sagte: „Gib das Geld den Augenblick wieder zurück; denn es ist gewiß aus Versehen in das Brot hineingekommen." Henriette trug es hin.

Allein der wohlthätige Mann sprach: „Nein, nein, es war kein Versehen. Ich habe das Geld mit Wohlbedacht in das kleinste Brot hineinbacken lassen — dich, du gutes Kind, zu **belohnen!** Bleibe immer so friedfertig und genügsam. Wer lieber mit dem kleinern Brote vorlieb nimmt, als um das größere zankt, bringt allemal seinen Segen damit nach Hause, und sollte auch kein einziges Mal Geld in das Brot hineingebacken sein."

88. Der Apfelbaum.

Herr Apfelbaum, dich lieb' ich recht,
Du bist ein alter, getreuer Knecht;
Zu dir komm' ich manch' Jahr schon her
Und finde nie deine Taschen leer;
Doch sag' ich's frei: dich lieb' ich recht,
Du bist ein alter, getreuer Knecht.

Mehr trägst du, als der stärkste Mann,
Die Schultern voll bis oben an
Und jede Hand noch schwer bepackt,
So daß dir Arm und Rücken knackt.
D'rum sag' ich's frei: dich lieb' ich recht,
Du bist ein alter, getreuer Knecht.

Steh' ja hübsch grade, wird's auch schwer
Und wanke nicht so hin und her,
Du wirst sonst wahrlich schief und schräg',
Wirf lieber von der Last was weg;
Man lobt dich doch als einen Mann,
Der mehr als andre tragen kann.

Du schüttelst leise mit dem Kopf?
Du fürchtest deinen Herrn, du Tropf?
Dienst du ihm nicht so lange schon
Und nimmst nicht einen Kreuzer Lohn?
Er schilt dich nicht, wenn von der Last
Du auch was abgeworfen hast.

Als Kind schon war er dir so gut,
Nahm manchen Strauß dir von dem Hut,
Und seine Buben rutschen noch
Dir in den Rock so manches Loch,
Du aber nimmst's nicht so genau,
Du alte, treue Kinderfrau.

Jetzt kommt dein Herr; von Ast zu Ast
Nimmt er dir ab die schwere Last;
Er trägt sie heim nach Fach und Schrank
Und sagt dir nicht ein Wörtchen Dank.
Du aber meinst, wer nützt und nährt,
Nicht erst in Worten Dank begehrt.

89. Die Samen.

Es war ein freundlicher Herbsttag, und der Landmann war hinausgegangen, sein Feld anzubauen für das kommende Jahr. Da ging ein frommer Vater mit seinem Sohne an einem Acker vorüber, wo eben der Säemann den Samen in das gepflügte Land ausstreuete. Der Knabe hatte es lange mit Wohlgefallen betrachtet, wie aus der vollen Hand des Säemannes die Körnlein in die Furchen hernieder fielen. „Vater," so sprach er jetzt, „da sieht man es nun recht, daß der liebe Gott allmächtig ist, denn das Samenkorn ist so klein, und doch wächst es zu einem schönen großen Halme empor."

„Du hast recht, mein Sohn," antwortete darauf der Vater. „Der liebe Gott bringt überall in der Natur aus dem Kleinen das Große hervor, aus dem kleinen Kerne den großen schattigen Baum; aus vielen kleinen Bächlein den gewaltigen Strom; aus den wenigen Samen, den der Säemann auf seiner Schulter hinaus auf den Acker trug, bringt der Allmächtige schwer belastete Wagen voll hervor."

„Wie es, mein Kind, in der Natur geht, so auch im Herzen des Menschen mit dem Guten und Bösen. Gleich dem Samenkörnchen kommt auch das Gute und Böse klein und gering in das Herz des Menschen. Aber es nimmt bald überhand und wird unmerkbar mächtig und groß. Die größten Bösewichter haben mit kleinen und geringen Fehlern angefangen, und eben so haben die Seligen im Himmel zuerst die Tugend im Kleinen geübt."

„Darum, lieber Sohn, nimm auch du den Samen der Tugend schon frühzeitig auf in dein Herz, bewahre ihn darin und pflege ihn mit sorgsamer Liebe. Sind es gleich nur erst die zarten, unansehnlichen Keime des Guten, was sich im Herzen eines Kindes gestaltet, so denke nur: Bald wird auch in meinem Herzen das kleine Gute immer größer werden und mir himmlische Früchte tragen."

„Verschließe dagegen dein Herz dem kleinsten Bösen, damit es ja nicht ein Plätzchen darin finde. Halte ja nichts für eine Kleinigkeit in solchen Dingen, die dem allsehenden Auge Gottes mißfallen müssen. Bald wird auch das Böse groß und mächtig im Herzen und der Mensch kann es dann nicht leicht wieder bezwingen!"

90. Die Bäume im Winter.

Seht meine lieben Bäume an, wie sie so herrlich stehen, auf allen Zweigen angethan mit Reifen wunderschön! Von unten an bis oben aus, auf allen Zweigelein hängt's weiß und zierlich, zart und kraus, und kann nicht schöner sein. Und alle Bäume rund umher, all', alle weit und breit, stehn da geschmückt mit gleicher Ehr', in gleicher Herrlichkeit. Wir sehen das an und denken noch einfältiglich dabei, woher der Reif, und wie er doch zu Stande kommen sei? Denn gestern Abend Zweiglein rein; kein Reifen in der That! — Muß Einer doch gewesen sein, der ihn gestreuet hat. Ein Engel Gottes geht bei Nacht, streut heimlich hier und dort, und wenn am Morgen man erwacht, ist er schon wieder fort. Du Engel, der so gütig ist, wir sagen Dank und Preis. O mach' uns doch zum heilgen Christ die Bäume wieder weiß!

91. Die kleine Wohlthaeterin.

Es war ein kalter, strenger Winter. Da sammelte die kleine Minna, die einzige Tochter wohlthaetiger Eltern, die Kruemchen und Brosamen, die uebrig blieben, und bewahrte sie. Dann ging sie hinaus zweimal am Tage auf den Hof und streuete die Kruemchen hin. Und die Voeglein flogen herbei und pickten sie auf. Dem Maedchen aber zitterten die Haende vor Frost in der bittern Kaelte.

Da belauschten sie die Eltern und freuten sich des lieblichen Anblickes und sprachen: „Warum thust du das Minna?"

Es ist ja alles mit Schnee und Eis bedeckt, antwortete Minna, dass die armen Thierchen nichts finden koennen; nun sind sie arm, darum fuettere ich sie, sowie die reichen Menschen die armen unterstuetzen und ernaehren. Da sagte der Vater: „Aber du kannst sie doch nicht alle versorgen!"

Die kleine Minna antwortete: Thun denn nicht alle Kinder in der ganzen Welt, wie ich, so wie ja auch alle reichen Leute die armen verpflegen? —

'Der Vater aber blickte die Mutter an und sagte: „O du heilige Einfalt!"

92. Das Christbäumchen.

Die Bäume hatten einmal Streit unter einander, welcher von ihnen der vornehmste sei. Da trat die Eiche hervor und sagte: „Seht mich an, ich bin hoch und dick und habe viele Aeste, und meine Zweige sind reich an

Blättern und an Früchten." „Früchte haſt du wohl," ſagte der Pfirſichbaum, „aber es ſind nur Früchte für die Schweine. Die Menſchen mögen Nichts davon wiſſen. Aber ich, ich liefere die rothbackige Pfirſichen auf die Tafeln des Königs." „Das hilft nicht viel," ſagte der Apfelbaum, „von deinen Pfirſichen werden nur wenige Leute ſatt; auch dauern ſie nur wenige Wochen, dann werden ſie faul, und Niemand kann ſie mehr brauchen. Da bin ich ein anderer Baum, ich trage alle Jahre Körbe voll Aepfel, die brauchen ſich nicht zu ſchämen, wenn ſie auf eine vornehme Tafel geſetzt werden, aber ſie machen auch die Armen ſatt, man kann ſie den ganzen Winter im Keller aufbewahren, oder kann ſie im Ofen dörren, oder kann Wein davon keltern. Ich bin der nützlichſte Baum." „Das bildeſt du dir ein," ſagte die Tanne, „aber du irrſt dich. Mit meinem Holze heizt man die Oefen, und baut man die Häuſer, mich ſchneidet man zu Brettern und macht Tiſche, Stühle, Schränke, ja ſogar Nachen und Schiffe daraus, dazu bin ich im Winter nicht ſo kahl wie ihr; ich bin das ganze Jahr hindurch grün und ſchön." „Das Nämliche bin ich auch," ſagte die Fichte, „allein ich habe noch einen Vorzug. Wenn es Weihnachten wird, dann kommt das Chriſtkindchen, ſetzt mich in ein ſchönes Gärtchen, und hängt goldne Nüſſe und Aepfel, Mandeln und Roſinen an meine Zweige. Und über mich freuen ſich die Kinder am allermeiſten Iſt das nicht wahr?"

93. Die weite Welt.

Haſt du denn ſchon die Sonne gefragt, wohin ſie des Abends geht, wenn ſie hinter die Berge hinabzieht? — Ich denke wohl, hinter den Bergen wohnen auch Leute, nach welchen ſie ſehen muß, und ſcheint dort auch auf Wieſen und Felder, auf Städte und Dörfer.

Oder den Bach, der da draußen vorbeifließt, — haſt du ihn

einmal gefragt: „Wohinaus Freund? — Der hat nimmer Ruhe, muß hinunter in den Fluß und mit ihm, vor mancher schönen Stadt vorbei, bis hinaus in's Meer.

Oder hast du gesehen, wie im Herbst die Schwalben um deinen Kirchthurm herumfliegen und rufen in die blaue Luft hinaus: „Zieh mit! zieh mit!" — Viele hundert Meilen weit geht ihre Reise, über weite Länder und hohe Gebirge hin, nach einem wärmern Land.

Wer da mit wandern könnte! — mit der Sonne über die Berge, oder mit dem Bache zum Meere, oder mit den Schwalben in ein wärmeres Land! Da gäbe es viel zu sehen und zu hören, denn Gottes Erde ist groß und schön und voll von Mannigfaltigkeit.

In dem einen Lande fällt niemals Schnee zur Erde, und es stehen da im heißen Sonnenschein prächtige Wälder mit immergrünem Laub, und in den Wäldern schwirrt und lärmt es von buntfarbigen Papageien und mancherlei Affen, und der Boden bringt dort reiche und manchfaltige Frucht, ohne daß der Mensch viel säen und zu pflanzen braucht. Aber in den Wäldern lauern auch giftige Schlangen und Löwen, Tiger und andere reißende Thiere machen selbst auf den Menschen Jagd. Neben den Wäldern sind ungeheure Sandwüsten, und die Leute, wie die Neger, leben in den Gegenden dort noch halb nackt in elenden Hütten.

In anderen Ländern aber wird's selbst den Tannen im Winter fast zu kalt, das Land ist unfruchtbar und öde, man kann viele Meilen weit gehen und trifft kaum einen Menschen; doch in den Wäldern läßt der liebe Gott allerlei Pelzthiere leben, damit die Leute sich auch Pelze verschaffen können zum Schutz gegen die Kälte. Und so kalt es ist, freuen die Leute sich dort ihres Lebens. — Denn jedes Land hat seine Freude, aber auch seine Plage; und wo viel L u s t ist, da ist auch viel La st. So hat Gott es weislich eingerichtet.

94. Der alte General.

Der alte General Ziehten speiste einst mit mehren vornehmen Herren beim Koenige Friedrich dem Grossen von Preussen. Vornehme Herren sitzen in der Regel lange am Tische, indem sie viel dabei sprechen. Der General, ein Greis von 80 Jahren, schlief waehrend des Gespraeches ein. Einige der anwesenden Herren laechelten und wollten sich ueber ihn lustig machen; allein der Koenig verbot es mit einem ernsthaften Gesicht, indem er sagte: „Lasset uns leise reden, damit wir ihn nicht stoeren: er hat lange genug fuer uns gewacht!"

95. Aus den Jugendjahren Friedrich Wilhelm's III.

Als König Friedrich Wilhelm III. noch ein Knabe von 10 Jahren war, brachte eines Tages im Monat Januar bei strenger Kälte ein Gärtnerbursche ein Körbchen mit schönen, reifen, im Treibhause gezogenen Kirschen. Beim Anblicke derselben freute sich der junge Prinz und wünschte, die in dieser Jahreszeit so seltene Frucht zu genießen. Als ihm aber bemerklich gemacht wurde, daß die Kirschen fünf Thaler kosten sollten, fragte er verwundert: „Wie! für eine Hand voll Kirschen fünf Thaler?" und drehte sich dann fest um mit den entschiedenen Worten: „Ich mag und will sie nicht!" Bald darauf ließ sich ein Bürger und Schuhmachermeister aus Potsdam melden. Dem Kronprinzen wurde gesagt, der arme Mann sei lange am Nervenfieber krank gewesen und dadurch herabgekommen in seinem Geschäfte, und so bedürfe er, um es wieder beginnen zu können, zum Lederankauf zwanzig Thaler, die er nicht hätte, und um welche er in seiner großen Noth den Kronprinzen bäte. „Wie viel habe ich noch in Kasse?" fragte mit dem sichtbaren Ausdrucke des Mitleids der Kronprinz. Als ihm sein Kammerdiener antwortete: „Fünfzig Thaler!" befahl er, dem armen Manne die gewünschten zwanzig Thaler in seinem Namen zu geben und damit Glück zu wünschen. Erfreut und tief gerührt empfing der Handwerker diese Gabe, mit dem Wunsche, der Königlichen Hoheit seinen Dank selbst auszusprechen zu dürfen. Diese Bitte aber wies der Prinz mit den Worten zurück: „Ist gar nicht nöthig, würde den armen Mann nur beschämen."

96. Sprüchwörter.

1. Aller Anfang ist schwer. 2. Aus einem Näscher wird leicht ein Dieb. 3. Arbeit verkürzt die Stunden und verlängert das Leben. 4. Aus dem Funken wird leicht ein Feuer. 5. Auf eine Lüge gehört eine Ohrfeige. 6. Böser Gewinn ist schnell dahin. 7. Böse Gesellschaft verdirbt gute Sitten. 8. Bissige Hunde haben zerbissene Ohren. 9. Die Ruth' macht böse Kinder gut. 10. Den Dieb erschreckt eine Maus. 11. Der Jugend Fleiß ist des Alters Ehre. 12. Ein junger Lügner, ein alter Dieb. 13. Erziehung ist das beste Erbtheil. 14. Es ist nicht Alles Gold, was glänzt. 15. Fleiß ersetzt Talent. 16. Faule wollen nur von Andern leben. 17. Geiz und Flammen haben nie genug. 18. Gleich und Gleich gesellt sich gern. 19. Habe Rath vor der That. 20. Höflichkeit nützet Viel und kostet Nichts. 21. In allen Dingen betrachte das Ende. 22. Junge Müßiggänger,

alte Bettler. 23. Keine Rose ohne Dornen. 24. Kunst bringt Gunst. 25. Leere Kornähren stehen hoch. 26. Müßiggang ist aller Laster Anfang. 27. Mit Schweigen verredet man sich nicht. 28. Nach gethaner Arbeit ist gut ruhen. 29. Neid und Haß wohnen in einem Faß. 30. Ohne Tugend ist Niemand glücklich. 31. Ordnung ist das halbe Leben. 32. Prüfe Alles, das Beste behalte. 33. Preise willig fremdes Verdienst, nur dein eigenes nicht. 34. Quälen sollst du nie ein Thier. 35. Qual und Reue folgen jeder bösen That. 36. Recht thun läßt sanft ruh'n. 37. Rein und ganz gibt schlechtem Tuche Glanz. 38. Sorge in der Zeit, so hast du in der Noth. 39. Suche keinen Freund, der dich lobt, sondern der dir deine Fehler sagt. 40. Tadeln ist leichter, als besser machen. 41. Uebung macht den Meister. 42. Vom Hörensagen lügt man gern. 43. Wer nicht will hören, der muß fühlen. 44. Wer lügt, der stiehlt. 45. Zufriedenheit ist der größte Reichthum.

1× 1= 1	1×1=				1×3=				
2× 1= 2	1×2=	3× 1= 3	2×			4× 1= 4	1×4=		
2× 2= 4	2×2=	3× 2= 6	3			4× 2= 8	2×		
2× 3= 6	3×2=	3× 3= 9	4×			4× 3=12	3×		
2× 4= 8	4×	3× 4=12	5×			4× 4=16	4×		
2× 5=10	5×	3× 5=15	6×			4× 5=20	5×		
2× 6=12	6×	3× 6=18	7×			4× 6=24	6×		
2× 7=14	7×	3× 7=21				4× 7=28	7×		
2× 8=16	8×	3× 8=24	8×			4× 8=32	8×		
2× 9=18	9×	3× 9=27	9×			4× 9=36	9×		
2×10=20	10×	3×10=30	10×			4×10=40	10×		
5× 1= 5	1×5=	6× 1= 6	1×6=		7× 1= 7		1×7=		
5× 2=10	2×	6× 2=12	2×		7× 2=14		2×		
5× 3=15	3×	6× 3=18	3×		7× 3=21		3×		
5× 4=20	4×	6× 4=24	4×		7× 4=28		4×		
5× 5=25	5×	6× 5=30	5×		7× 5=35		5×		
5× 6=30	6×	6× 6=36	6×		7× 6=42		6×		
5× 7=35	7×	6× 7=42	7×		7× 7=49		7×		
5× 8=40	8×	6× 8=48	8×		7× 8=56		8×		
5× 9=45	9×	6× 9=54	9×		7× 9=63		9×		
5×10=50	10×	6×10=60	10×		7×10=70		10×		
8× 1= 8	1×8=	9× 1= 9	1×9=	10× 1= 10		1×10=			
8× 2=16	2×	9× 2=18	2	10× 2= 20		2			
8× 3=24	3×	9× 3=27	3	10× 3= 30		3			
8× 4=32	4×	9× 4=36	4	10× 4= 40		4			
8× 5=40	5×	9× 5=45	5	10× 5= 50		5			
8× 6=48	6×	9× 6=54	6	10× 6= 60		6			
8× 7=56	7×	9× 7=63	7	10× 7= 70		7			
8× 8=64	8×	9× 8=72	8	10× 8= 80		8			
8× 9=72	9×	9× 9=81	9	10× 9= 90		9			
8×10=80	10×	9×10=90	10	10×10=100		10			

a	b	c	d	e	f
12=?×6	18=?×?	24=?×6	8×?=64	30=?× 6	54=?×?
	×4	20=	×8	=32	× 5	72
	×2	24=	×3	=24	×10	63
	×3	28=	6×?=16		× 3	45
14=?×7	30=	25=?×5	=12	40=?×10	81
	×2	36=	27=?×9	=24	× 8	80
15=?×3	42=		×3	=18	× 5	16
	×5	32=	28=?×4	=36	× 4	36
16=?×4	40=		×7	=60	54=?× 6	60
	×8	60=		=42	× 9	15

1: 1= 1	2: 2= 1	3: 3= 1	4: 4= 1	5: 5= 1	6: 6= 1
1: 2= 2	2: 4= 2	3: 6= 2	4: 8= 2	5:10= 2	6:12= 2
1: 3= 3	2: 6= 3	3: 9= 3	4:12= 3	5:15= 3	6:18= 3
1: 4= 4	2: 8= 4	3:12= 4	4:16= 4	5:20= 4	6:24= 4
1: 5= 5	2:10= 5	3:15= 5	4:20= 5	5:25= 5	6:30= 5
1: 6= 6	2:12= 6	3:18= 6	4:24= 6	5:30= 6	6:36= 6
1: 7= 7	2:14= 7	3:21= 7	4:28= 7	5:35= 7	6:42= 7
1: 8= 8	2:16= 8	3:24= 8	4:32= 8	5:40= 8	6:48= 8
1: 9= 9	2:18= 9	3:27= 9	4:36= 9	5:45= 9	6:54= 9
1:10=10	2:20=10	3:30=10	4:40=10	5:50=10	6:60=10

7: 7= 1	8: 8= 1	9: 9= 1	10: 10= 1
7:14= 2	8:16= 2	9:18= 2	10: 20= 2
7:21= 3	8:24= 3	9:27= 3	10: 30= 3
7:28= 4	8:32= 4	9:36= 4	10: 40= 4
7:35= 5	8:40= 5	9:45= 5	10: 50= 5
7:42= 6	8:48= 6	9:54= 6	10: 60= 6
7:49= 7	8:56= 7	9:63= 7	10: 70= 7
7:56= 8	8:64= 8	9:72= 8	10: 80= 8
7:63= 9	8:72= 9	9:81= 9	10: 90= 9
7:70=10	8:80=10	9:90=10	10:100=10

a	b	c	d	e	f
2:12=?	3:18= 6	10:70=	3:18=?	7. 56=	6:24=?
4:	9	7: ? 9	2:	8. 48	3:
6:	3:? 5	2: ? 4	6:	10.100	8:
3:	10	1: ? 5	9:	6. 54	4:
7:14=?	4	3:24	2:20 ?	8. 72	5:30 ?
2:	4:? 5	9:63	10:	3. 9	10:
3:15=?	7	6: ? 6	5:	4. 28	3:
5:	6	5: ? 8	4:	5. 15	6:
2:16=?	5:? 9	4:20	3:21 ?	9. 36	4:32 ?
8:	3	8:92	7:	7. 49	8:

g	h	i	j	k	l
9:36=?	?:24= 6	5:50=	5:25=	1 11=11	1 11=
4	4	10:	7:42	2 11=	2 12=
6	8	6:54	3:? 9	3 11=	3
10:40=	3	9:	5:? 7	4	4
8	?:30=10	7:56	9:? 5	5	5
4	6	8:	?:28 4	6	6
5	3	9:63	?:35 7	7	7
7:42=	5	7:	?:56 8	8	8
6	?:35= 7	8:80	7:? 7	9	9
6:48=	5	10:	9:90	10	10

98. Gebete.
Das heilige Kreuzzeichen.
Im Namen des Vaters und des Sohnes und des heiligen Geistes, Amen.

Das Gebet des Herrn.
Vater unser, der du bist in dem Himmel; geheiliget werde dein Name; zukomme uns dein Reich; dein Wille geschehe, wie im Himmel also auch auf Erden; unser tägliches Brot gib uns heute; und vergib uns unsere Schulden, wie auch wir vergeben unsern Schuldigern; und führe uns nicht in Versuchung, sondern erlöse uns von dem Uebel. Amen.

Der englische Gruß.
Gegrüßet seist du, Maria, voll der Gnaden! der Herr ist mit dir; du bist gebenedeiet unter den Weibern, und gebenedeiet ist die Frucht deines Leibes, Jesus. Heilige Maria, Mutter Gottes, bitte für uns Sünder, jetzt und in der Stunde unseres Todes. Amen.

Das apostolische Glaubensbekenntniß.
1. Ich glaube an Gott Vater, den allmächtigen Schöpfer Himmels und der Erde.
2. Und an Jesum Christum, seinen eingebornen Sohn, unsern Herrn.
3. Der empfangen ist von dem heiligen Geiste, geboren aus Maria der Jungfrau.
4. Gelitten unter Pontius Pilatus, gekreuzigt, gestorben und begraben.
5. Abgestiegen zu der Hölle, am dritten Tage wieder auferstanden von den Todten.
6. Aufgefahren gegen Himmel, sitzet zur rechten Hand Gottes, des allmächtigen Vaters.
7. Von dannen er kommen wird, zu richten die Lebendigen und die Todten.
8. Ich glaube an den heiligen Geist.
9. Eine heilige, katholische Kirche, Gemeinschaft der Heiligen.
10. Ablaß der Sünden.
11. Auferstehung des Fleisches.
12. Und ein ewiges Leben. Amen.

Die zehn Gebote Gottes.

I. Ich bin der Herr, dein Gott. Du sollst keine fremden Götter neben mir haben; du sollst dir kein geschnitztes Bild machen, dasselbe anzubeten.
II. Du sollst den Namen Gottes, deines Herrn, nicht vergeblich führen.
III. Gedenke, daß du den Sabbat heiligest.
IV. Du sollst Vater und Mutter ehren, auf daß du lange lebest auf Erden.
V. Du sollst nicht tödten.
VI. Du sollst nicht ehebrechen.
VII. Du sollst nicht stehlen.
VIII. Du sollst kein falsches Zeugniß geben wider deinen Nächsten.
IX. Du sollst nicht begehren deines Nächsten Weib.
X. Du sollst nicht begehren deines Nächsten Haus, Acker, Knecht, Magd, Ochs, Esel, noch Alles, was sein ist.

Die vornehmsten fünf Gebote der katholischen Kirche.

I. Du sollst die gebotenen Feiertage halten.
II. Du sollst alle Sonn- und Feiertage die hl. Messe mit Andacht hören.
III. Du sollst die gebotenen Fasttage, wie auch den Unterschied der Speise halten.
IV. Du sollst zum wenigsten Einmal im Jahre deinem verordneten Priester oder einem andern mit Erlaubniß deine Sünden beichten.
V. Du sollst das allerheiligste Sakrament des Altars zum wenigsten einmal im Jahre, und zwar um die österliche Zeit, empfangen.

Die sieben heiligen Sakramente.

1. Die Taufe; 2. die Firmung; 3. das heiligste Sakrament des Altars; 4. die Buße; 5. die letzte Oelung; 6. die Priesterweihe; 7. die Ehe.

Beim Läuten der Betglocke.

Der Engel des Herrn brachte Maria die Botschaft, und sie empfing von dem heiligen Geiste: „Gegrüßet seist du, Maria" ꝛc.

Siehe! ich bin eine Magd des Herrn, mir geschehe nach deinem Worte. — Gegrüßet seist du, Maria ꝛc.

Und das Wort ist Fleisch geworden, und hat unter uns gewohnet. — Gegrüßet seist du, Maria ꝛc. Vater unser ꝛc.

Bitt' für uns, o heilige Gottesgebärerin,
Auf daß wir würdig werden der Verheißungen Christi.

* * *

Herr, gib den Seelen aller abgestorbenen Christgläubigen die ewige Ruhe.
Und das ewige Licht leuchte ihnen.
Herr, laß sie ruhen in Frieden.
Amen.

Uebung des Glaubens, der Hoffnung und der Liebe. Reue und Vorsatz.

Glaube. — O mein Gott und Herr, ich glaube alles, was die katholische Kirche vorstellt zu glauben; weil du, o Gott, solches alles geoffenbaret hast, der du nicht lügen kannst, weil du bist die unfehlbare Wahrheit, auch nicht kannst betrogen werden, weil du bist die ewige Weisheit.

Hoffnung. — O mein Gott und Herr, ich hoffe Verzeihung meiner Sünden, deine Gnade und endlich die ewige Glückseligkeit durch die Verdienste Jesu Christi, vermittelst meiner eigenen Mitwirkung; weil du, o Gott, solches alles versprochen hast, der du in deinem Versprechen unendlich getreu bist, und wegen deiner Allmacht geben kannst, und wegen deiner Gütigkeit gern geben willst, was du versprochen hast.

Liebe. — O mein Gott und Herr, ich liebe dich aus meinem ganzen Herzen über alle Dinge, schon darum, weil ich unzählbare Wohlthaten von dir empfangen habe: besonders aber liebe ich dich, weil du bist das höchste Gut, welches seiner selbstwegen aller Liebe und Ehre würdig ist.

Reue. — O mein Gott und Herr, alle meine Sünden sind mir von Herzen leid, weil ich von dir meinem gerechten Richter verdient habe gestraft zu werden, wegen der Todsünde mit der ewigen, und wegen der läßlichen Sünde mit der zeitlichen Strafe; auch sind sie mir leid, weil ich dir, meinem Schöpfer, Erlöser, Seligmacher und höchsten Gutthäter, so undankbar gewesen bin für die vielen Wohlthaten, welche du mir erzeiget hast; am meisten aber, und über alles reuen und schmerzen mich dieselben, weil ich dich, o höchstes, schönstes, bestes und deinerselbst wegen aller Liebe würdiges Gut damit beleidiget habe.

Vorsatz. — O mein Gott und Herr, ich verfluche meine Sünden, und nehme mir kräftig vor, mein Leben zu bessern, und dich, o Gott, niemals mehr zu beleidigen. Ernstlich will ich meiden alle Todsünden, auch nach meiner Möglichkeit die läßlichen Sünden, besonders die ganz freiwilligen, wenigstens will ich ernstlich mich bestreben, die Zahl derselben, so viel mir mit deiner Gnade möglich ist, zu vermindern.

Zur seligsten Jungfrau Maria.

Heilige Maria, Mutter Gottes! Nimm uns an als deine Kinder, und wende uns Schwachen deine Mutterliebe zu. Wir bitten dich, erzeige dich als Mutter gegen uns, deine Kinder, und flehe für uns bei deinem lieben Sohne, damit wir werden, wie er in seiner Jugend war, damit wir, wie an Alter, so auch an Tugend und Frömmigkeit zunehmen, wie er an Weisheit und Liebenswürdigkeit bei Gott und den Menschen zugenommen hat. O Maria! nimm uns in deinen Schutz und sei unsere Fürsprecherin bei deinem lieben Sohne. Amen.

Zum Schutzengel.

Du, mein Schutzgeist, Gottes Engel!
Weiche, weiche, nicht von mir,
Leite mich durchs Thal der Mängel,
Bis hinauf, hinauf zu dir.

Laß mich stets auf dieser Erde,
Deiner Führung würdig sein,
Daß ich stündlich besser werde,
Nie ein Tag mich darf gereu'n.

Gehe zärtlich mir zur Seite,
Wenn mir manche Schwachheit winkt;
Gib mir dann auch das Geleite,
Wenn mein müdes Leben sinkt.

Sei in einer Welt, voll Mänge',
Stets mein Schild und mein Panier,
Du, mein Schutzgeist, Gottes Engel!
Weiche, weiche nicht von mir.

Inhalt.

A. Sprachstoff.

Nr.		Seite
2.	Mehrzahlbildung des Hauptwortes durch e ohne Umlaut	4
4.	„ „ „ e mit „	5
6.	„ „ „ er ohne „	6
7.	„ „ „ er mit „	6
9.	„ „ „ en (n)	8
11.	„ „ blos durchs Geschlechtswort	10
11.	„ „ durch Umlaut und Geschlechtswort	11
12.	Hauptwörter ohne Mehrzahl	11
12.	„ „ Einzahl	11
15.	Ableitung des Eigenschaftswortes durch die Nachsilben ig, lich, isch, icht	13
17.	Ableitung des Eigenschaftswortes durch bar, sam, haft, en, n, ern	14
20.	Steigerung des Eigenschaftswortes	16
22.	Gegensätze in Eigenschaftswörtern	18
23.	Ableitung des Hauptwortes durch die Vorsilben Ge, Un, Ant, Ur	19
25.	Ableitung des Hauptwortes durch die Nachsilben chen, lein	21
27.	„ „ „ er, el, ing, ling	22
28.	Ableitung des Hauptwortes durch ei, heit, keit, ung	23
29.	„ „ „ niß, schaft, thum, sal, sel, rich	24
30.	Hauptwörter eigenthümlicher Bildung und Aussprache	24
30.	Gegensätze in Hauptwörtern	25
33.	Das persönliche Fürwort	27
34.	Das zueignende Fürwort	28
36.	Die Hilfszeitwörter können, dürfen, mögen	31
37.	„ „ müssen, sollen, wollen, lassen	32
39.	Ableitung des Zeitwortes durch die Vorsilben be, ge, er, ver	33
40.	„ „ „ „ zer, emp, ent, niß	34
42.	„ „ „ eln (n), ern (n), igen, iren	35
44.	Die Hauptzeiten des Zeitwortes. Thätige Form	38
44.	„ „ „ Leideform	39
45.	Zusammensetzung des Zeitwortes	39
45.	Gegensätze in Zeitwörtern	39
47.	Zusammensetzung des Hauptwortes. (Zweisilbige)	40
49.	„ „ (Dreisilbige)	43
51.	„ „ (Viersilbige)	44
51.	Umkehrung zusammengesetzter Hauptwörter	44
53.	Zusammensetzung des Eigenschaftswortes	45
61.	Wortfamilien	50
71.	Sinnverwandte Wörter	65

Nr.	A. Lesestücke.	Seite.
1.	Mit Gott fang' an, mit Gott hör' auf! (Chr. v. Schmid.)	3
3.	Der Mond (St.). Lied von K. Enslin	5
5.	Die Welt. (Chr. v. Schmid)	6
8.	Der Wald (St.). Lied von Hoffmann v. Fallersleben	7
10.	Die Uhr (St.)	10
13.	Der Baum. Lied von Rückert	12
14.	Güte Gottes. (Overberg.)	13
16.	Der neidische Hund. (Curtmann.)	14
18.	Das gute Kind (Pn.). Lied von Hey	16
19.	Lied. (W. Hey.)	16
21.	Holz und Steine	17
24.	Das Pferd (St.) und der Esel (Pn.). Lied von Hoffmann v. Fallersleben	20
26.	Guten Morgen. (Bone.)	22
26.	Lehren. (Curtmann.)	23
31.	Der Himmel. (Löwenstein.)	25
32.	Die Familie. (Nach Schulz.) Lied von Maßmann	25
35.	Die Schüler (St.)	29
38.	Das Bild der Jugend. (Chr. v. Schmid.)	33
41.	Hacke und Stiel. (Curtmann.)	34
43.	Die Ernte. (Nach Schulz.)	35
46.	Das neue Kleid. (Nach einem alten Lesebuch.)	39
48.	Der unglückliche Wurf. (Nach einem alten Lesebuch.)	41
50.	Der Großvater und sein Enkel. (Stilling.)	43
52.	Räthsel. (Illustr. Jugendzeitung.)	44
54.	Uebung in Lateinschrift	45
55.	Namen	46
56.	Das Rebhühnernest. (Chr. v. Schmid.)	46
57.	Hymne. (Overberg.)	47
58.	Der Strick. (Chr. v. Schmid.)	47
59.	Einige Fragen an Kinder. (Deutscher Kinderfreund.)	48
60.	Die fünf Sinne des Menschen. (Leipoldt's Lesebuch.)	49
62.	Der Gewerbestand. (Overberg.)	51
63.	Vier Brüder — die vier Jahreszeiten. (Schiller.)	53
64.	Die Zeit und Mittag (St.), Morgen, Abend und Nacht (Heinisch und Ludwig.)	54
65.	Affe, Mensch und Wurm. (Castelli.)	57
66.	Von der Welt. (Freudenbergs Lesebuch.) Lied von Claudius	58
67.	Räthsel	59
68.	Die Dornenhecke. (Chr. v. Schmid.)	60
69.	Lebensregeln. (Der poetische Theil nach Demeter, der pros. von St.)	60
70.	Die erste Lüge. (Bone.)	64
72.	Das Kind am Ofenloch. (Bone.)	65
73.	Der große Birnbaum. (Kühn's I. Lesebuch.)	66
74.	Der Mann mit dem hölzernen Fuße. (Chr. v. Schmid.)	67
75.	Der Wolf und der Mensch. (Grimm.)	68
76.	Vom Büblein, das überall hat mitgenommen sein wollen. (Rückert.)	69
77.	Das Mährchen vom Mann im Mond. (Bechstein.)	71
78.	Rübezahl. (Büsching.)	71
79.	Die wandelnde Glocke. (Goethe.)	72
80.	Vom dummen Hänschen. (Löwenstein)	73
81.	Wie's Kätzlein schreibt. (Löwenstein.)	73
82.	Das fremde Kind. (v. Pocci.)	74
83.	Der Frühling. (Curtmann.)	77

Nr.		Seite.
84.	Vom Bäumlein, das andere Blätter gewollt. (Rückert.)	78
85.	Die Singvögel. (Chr. v. Schmid.)	79
86.	Das Vergißmeinnicht. (A. Cosmar.)	79
87.	Das Brot. (Chr. v. Schmid.)	80
88.	Der Apfelbaum. (v. Houwald.)	81
89.	Die Samen. (Trieselmann.)	82
90.	Die Bäume im Winter. (Claudius.)	82
91.	Die kleine Wohlthäterin. (Krummacher.)	83
92.	Das Christbäumchen. (Curtmann.)	83
93.	Die weite Welt. (Burgwardt's Lesebuch.)	84
94.	Der alte General. (Seltsam's Lesebuch.)	85
95.	Aus den Jugendjahren Friedrich Wilhelm III. (Kathol. Jugendsr.)	86
96.	Sprüchwörter	86
37.	Rechentabellen (2)	88 89
38.	Anhang: Schreibschrift.